PLACERES VEGANOS

—

DELICIOSAS Y SENCILLAS RECETAS A BASE DE PRODUCTOS VEGETALES

JESSICA PRESCOTT

PLACERES VEGANOS

——

DELICIOSAS Y SENCILLAS RECETAS
A BASE DE PRODUCTOS VEGETALES

de la creadora del blog *Wholy Goodness*

A Louie, mi más deliciosa creación hasta el momento.

5 tintas

CONTENIDOS

—

INTRODUCCIÓN

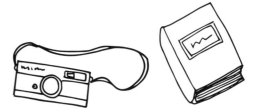

ACERCA DE MÍ

Mis primeros recuerdos se sitúan en la cocina, en compañía de mi madre, observando cómo cocinaba; por aquel entonces, una de las mayores alegrías de mi vida era que me dejara lamer el bol. Me crie con comida casera y a mi madre la admiraban familiares y amigos por sus platos: era la que siempre servía los mejores banquetes, la que preparaba los pasteles de cumpleaños de todos, la que descubrió el dukkah antes de que se pusiera de moda y la que aceptó con gusto mi decisión de dejar de comer carne a los 14 años porque le encantaba la inspiración que mi nueva dieta trajo a su cocina. Ni que decir tiene que de ella he heredado mi amor por la cocina. No he adquirido formación profesional, simplemente llevo cocinando desde siempre. Conservo las pequeñas cosas que mi madre me enseñó, y el resto lo he ido recogiendo por el camino, aprendiendo poco a poco.

Crecer en una ciudad pequeña me infundió un espíritu viajero que me ha llevado de un continente a otro. Dejé Napier, en Nueva Zelanda, a los 17 años y, en todas las ciudades que he visitado o donde he vivido, he reunido inspiración para preparar los humildes vegetales. Ahora vivo en Berlín con mi esposo australiano, Andy, y mi hijo, Louie, que crecía en mi interior mientras preparaba el presente libro.

Mi cocinita berlinesa es mi espacio de felicidad. Creo que cocinar es una forma de meditación y me entusiasma hacerlo para los demás porque la comida siempre ha sido mi manera de conectar con las personas. Mis platos son sustanciosos y rústicos, nada sofisticados ni pulidos, y el sabor es siempre lo más importante. Para mí, la mejor manera de pasar una velada es compartiendo alimentos y vino con mis seres queridos en platos y copas de juegos desparejados.

No se me da nada bien seguir una receta, pero me encanta compartir mis experimentos culinarios con mis amigos, por eso inauguré mi blog *Wholy Goodness*. Inicialmente, quería que fuera un blog sin fotografías, hasta que una buena amiga me convenció de que, en la actualidad, es necesaria una foto para acompañar una receta. No imaginaba que en mi interior se escondía una estilista culinaria. De niña, decía a menudo que un día escribiría un libro de cocina, pero nunca pensé que eso fuera a suceder de verdad en algún momento. Y aquí estoy: escribiendo la introducción de mi primer libro, rezando para haber conseguido transcribir con precisión lo que hago en la cocina y deseando que cualquier persona, en cualquier parte del mundo, encuentre entre estas páginas algo que le inspire de vez en cuando a servir una receta vegana.

¿POR QUÉ VEGANA?

Soy vegana porque, para mí, es el estilo de vida que encaja mejor con el bienestar de nuestro planeta y de todas las criaturas que habitan en él.

Las granjas industriales no solo me parecen crueles, sino que además contaminan el planeta y consumen sus recursos. El agua y las tierras que se emplean para cultivar alimento para el ganado podrían dedicarse al cultivo de alimento para humanos. Así se reduciría significativamente el hambre en el mundo.

Y esto es solo la punta de la lechuga iceberg. Pero no escribo un libro para convencer a nadie de que se haga vegano, sino que mi intención es haber escrito un libro de cocina para mostrar lo deliciosa que puede ser la comida vegana. Si se pregunta por qué cada vez más personas adoptan este estilo de vida aparentemente radical, le invito a llevar a cabo sus propias pesquisas sobre la ganadería y agricultura industriales.

Cuando la dieta contiene abundantes cantidades de fruta, hortalizas, frutos secos, semillas, legumbres y cereales, se ofrece al organismo energía pura y limpia que este sabe exactamente cómo procesar, en lugar de filtrar antes los nutrientes a través del organismo de otro ser.

Encontrará una lista de libros, documentales y sitios web que considero útiles e informativos en mi blog: www.wholygoodness.com

LECTURAS ADICIONALES

Comer animales, Jonathan Safran Foer (Seix Barral, 2009): el autor había oscilado entre las dietas vegetariana, vegana y omnívora durante años, y cuando su esposa se quedó embarazada, decidió embarcarse en un proyecto de investigación para asegurarse de criar a su hijo o hija con la mejor dieta posible. Lo que descubrió le pareció tan interesante que decidió publicarlo en un libro. Prepárese para enfadarse.

DOCUMENTALES

Sobre salud: *Forks Over Knives*, Lee Fulkerson, 2011
Sobre el planeta: *Cowspiracy*, Kip Andersen y Keegan Kuhn, 2014
Sobre los animales: *Earthlings*, Shaun Monson, 2005

MI VEGANISMO

—

Mi viaje personal con el veganismo comenzó cuando alguien señaló la discordancia moral de la dieta vegetariana. En ese momento desconocía la crueldad de las granjas de donde proceden los alimentos lácteos y los huevos. Cada vez que se estrena un documental me convenzo más de que se trata de la decisión acertada pero, a pesar de todo lo que sé, la transición no sucedió en mi caso de la noche a la mañana.

La dieta vegana es la más sensata para la salud de los humanos, el bienestar de los animales y el futuro del planeta. Pero esto no significa que el cambio resulte siempre fácil. Requiere preparación y dedicación. Soy afortunada porque vivo en una ciudad adaptada al veganismo, pero ha habido épocas en que me he hallado hambrienta y tirada en una ciudad o pueblo sin opciones veganas a la vista. Desde la grasa de vacuno en las patatas fritas a la leche en polvo en algunos tipos de pan, pasando por el huevo de los fideos y el caldo de pollo de la sopa, a veces puede parecer que los productos de origen animal se hallan por todas partes. En la actualidad, siempre llevo conmigo frutos secos y fruta seca y me aseguro de informarme de mis opciones antes de desplazarme a un sitio nuevo.

Muchas personas se vuelven veganas de un día para otro y jamás dan un paso atrás; admiro su compromiso. Pero para mí es importante ser transparente en el propio viaje para no creer que se fracasa si nuestra visión moral está en línea con el estilo de vida vegano pero cometemos un «desliz» de vez en cuando. Yo entré en el mundo vegano cocinando platos veganos solo en casa y eligiendo opciones veganas cuando comía fuera, pero haciendo excepciones durante los viajes o cuando en casa de unos amigos se servía queso con el vino. Cuando decidí cocinar solo platos veganos, la comprensión de que puedo preparar todo lo que deseo utilizando vegetales e ingredientes de origen vegetal cambió mi manera de cocinar. Al eliminar los productos de origen animal de mi cocina, he descubierto un nuevo mundo de posibilidades culinarias usando fruta, verduras, frutos secos, semillas, legumbres, cereales y especias. En lugar de hacer lo que siempre se ha hecho, me obligué a repensar las recetas. Aquí es donde mi verdadera creatividad salió a relucir.

Para mí, cada alimento vegano que se come o cada pastel vegano que se hornea es una victoria. Lo que comparto en el presente libro son platos que espero que pueda disfrutarlos cualquiera, unas recetas tan deliciosas que nadie se percata siquiera de la ausencia de carne. Deseo destruir el mito acerca de los veganos y su alimentación. Sean cuales sean nuestras preferencias dietéticas, las plantas nos unen a todos.

MI MANTRA

En ocasiones, cuando me doy cuenta de que a algunas personas realmente no les importa lo más mínimo, mis esfuerzos pueden parecer en vano y me pregunto si de verdad marco alguna diferencia. Pero entonces me acuerdo de que hago lo que hago porque debo encarnar el cambio que deseo ver. Este es mi mantra. Espero que, aunque sea usted el más carnívoro de los omnívoros, consiga mostrarle lo deliciosa y sencilla que puede ser la comida, incluso sin la carne, los huevos y los productos lácteos, y que esto le inspire a incorporar más platos a base de plantas en su dieta cotidiana.

PRODUCTOS DE LA TIERRA

—

Utilizo ingredientes que encuentro en el mercado y en los supermercados de alimentación ecológica de Berlín. Nada de tofu, ni sucedáneos de carne ni sucedáneos de queso: solo productos que se cultivan en la tierra. Cada día me maravilla este increíble planeta y las cosas bellas, psicodélicas y deliciosas que crecen en él. Cuando tomo una uva me pregunto por qué alguien elegirá una bolsa de golosinas antes que un racimo de uvas. Con independencia de si cree usted en la Biblia o la evolución, nuestro planeta azul, con sus montañas, cascadas, plantas y animales, es un verdadero milagro que no deberíamos dar por descontado. Somos realmente afortunados de estar aquí.

LISTA DE LA COMPRA

—

Si adopta usted la costumbre de disponer siempre de unas cuantas verduras a mano y una despensa llena de legumbres, frutos secos, semillas, especias, condimentos y sus cereales o pastas preferidos, podrá preparar prácticamente siempre algo que comer. Su acopio de comestibles variará en función de donde viva y de sus preferencias, de modo que la siguiente lista pretende ser solo una guía para adaptarla a su gusto.

Si se inicia en la cocina, no se apure, en especial no se deje intimidar por la sección de hierbas y especias. Yo tardé dos años desde que me mudé a Berlín en compendiar mi colección de especias. Lo mejor es empezar con poco e ir adquiriendo productos a medida que se necesitan, reabasteciéndose de los que le gusten más para no desperdiciar dinero ni ingredientes que nunca va a utilizar.

FRESCOS

....

Fruta de temporada: elija granadas, frutos del bosque, higos, peras y frutas con hueso

Hierbas: yo siempre tengo albahaca, perejil y cilantro a mano y compro romero, tomillo, etcétera cuando lo necesito

Ingredientes básicos que dan sabor, como cebollas moradas, cebollas blancas, ajo y limones

Otras verduras que pueda cocinar en la sartén para un plato rápido, como la berenjena, el calabacín y los champiñones

Otras verduras de temporada, como brócoli, kale, judías o coles de Bruselas

Plátanos: si le gustan los batidos, acostúmbrese a adquirir plátanos cada vez que salga a comprar para disponer siempre de ellos

Productos con almidón, como patatas, boniatos y calabaza

Unos cuantos ingredientes para ensaladas, como aguacate, tomates, pepino y zanahorias

Verduras de hojas verdes que puedan consumirse crudas, como las espinacas de hoja pequeña o la rúcula

LEGUMBRES

Me gusta tener a mano mis favoritas, tanto secas como en bote, para poder preparar platos rápidos.

Alubias blancas: fantásticas para sopas, estofados y salsas, y en puré con ajo, limón y hierbas sobre una tostada como alternativa a los huevos

Alubias negras: no hay nada como unas alubias negras sin remojo cocidas con un poco de sal. Nada. Prepare platos de inspiración mexicana, hamburguesas, tómelas solas con arroz, ¡o como ingrediente de brownies!

Garbanzos: véase la «Oda a los Garbanzos» de la página 18

Guisantes partidos: para aportar un sabor dulce y ligeramente ahumado a las sopas. Combinados con apio y zanahoria, forman la base de una sopa vegana deliciosa

Lentejas: como sustituto de la carne picada en recetas italianas, para hamburguesas, rollitos, etcétera

BÁSICOS Y CONDIMENTOS

Aceitunas: preferentemente con hueso. Se tarda más en prepararlas, pero su sabor es incomparable a las precortadas

Concentrado de tomate (el que se vende en tubos)

Leche de coco y otras bebidas vegetales: yo utilizo mucho la leche de arroz

Mantequilla de cacahuete u otra mantequilla de frutos secos

Mostaza: en grano entero o cremosa

Pasta de curri: verde o rojo

Pepinillos en vinagre

Sal marina: también en copos

Salsa tamari o **salsa de soja**

Sirope: algo dulce como jarabe de arce o de dátiles

Tahina: líquida o espesa

Tomates secos o **semisecos:** no los conservados en aceite

Vinagre balsámico y **vinagre de sidra**

ACEITES

De aguacate para cocer con fuego fuerte

De coco para hornear

De oliva para aliñar

De sésamo para platos asiáticos

SEMILLAS, FRUTA SECA Y FRUTOS SECOS

Fruta seca: dátiles (tanto Medjool como Deglet Noor), higos y orejones, bayas goji, puntillas o nibs de cacao

Frutos secos: almendras, anacardos, nueces, avellanas, piñones

Semillas: de sésamo, girasol, cáñamo, calabaza, chía, lino

HIERBAS Y ESPECIAS

Caldo vegetal

Canela*

Cardamomo*

Cilantro*

Comino*

Cúrcuma*

Curri en polvo

Granos de pimienta negra

Guindilla seca

Hojas de laurel

Jengibre en polvo

Levístico

Mezcla de especias garam masala

Nuez moscada

Pimentón (ahumado si es posible)

Semillas de mostaza

Semillas de comino negro

Zumaque

*Las tengo enteras y en polvo.

PASTA Y CEREALES

Sus **pastas** favoritas: cómprelas integrales, son mucho más saludables y, una vez se acostumbre a ellas, le sentarán como un abrazo desde el interior cuando las tome. Si le resultan demasiado duras, cocínelas un poco más

Sus **cereales** favoritos: arroz integral, quinoa, cuscús integral, freekeh, cebada

REPOSTERÍA

Avena: en copos y copos instantáneos

Azúcar moreno, como azúcar integral natural y azúcar mascabado. También puede emplear azúcar de coco, ¡pero NO azúcar blanco!

Cacao

Coco: deshidratado y en copos

Harina: preferiblemente integral, pero puede utilizar blanca y de alforfón

Levadura en polvo y **bicarbonato sódico**

Pepitas de chocolate: preferiblemente veganas

INGREDIENTES RAROS

Estos son productos de los que tal vez no haya oído hablar nunca si se inicia ahora en la cocina vegana. Cuando los conozca se convertirán en imprescindibles de su despensa.

CÁSCARA DE ZARAGATONA

Es la capa exterior de la semilla de zaragatona. Tradicionalmente se utilizaba para aliviar malestares estomacales y se convierte en una sustancia viscosa cuando se mezcla con agua; constituye un excelente sustituto del huevo en las preparaciones veganas. Debería encontrarlo en su tienda de productos ecológicos saludables o en la farmacia, dentro de la sección de productos para repostería o «alimentos medicinales». Hágase amigo de la cáscara de zaragatona; su interior se lo agradecerá.

ASAFÉTIDA

¡Apesta! Caminando por la India, lo olía aquí y allá, pero nunca supe lo que era exactamente hasta la primera vez que compré mi primer tarrito de esta potente hierba. Su olor es tan fuerte que tengo que conservarlo dentro de otro tarro para que toda la cocina no hieda a ella. Pero, una vez se calienta en aceite, aporta a mis platos indios una profundidad que siempre les había faltado.

HUMO LÍQUIDO

Se elabora quemando leña y recogiendo el humo, que se vuelve líquido al enfriarse. Es muy fuerte y, al mezclarlo con algo dulce y algo salado, proporciona un sabor ahumado al plato.

LEVADURA NUTRICIONAL

La levadura nutricional es levadura desactivada. Es buenísima para la salud y una fuente de vitamina B_{12}, que es la única que no se puede obtener de las plantas. Es algo parecida al queso y me gusta espolvorearla sobre la pasta o las tostadas de aguacate, pero también se puede utilizar cuando se mezclan frutos secos para elaborar queso vegano.

UTENSILIOS DE COCINA IMPRESCINDIBLES

Las herramientas y utensilios de cocina no tienen por qué ser caros para ser funcionales. Cuando inicié mi blog de cocina, quería llamarle «Ghetto Gourmet» porque todo lo que hay en mi cocina es de segunda mano, desparejado y feo, y quería mostrar a la gente que se pueden preparar platos deliciosos aunque el equipamiento sea poco lucido. Todos estos utensilios pueden adquirirse en mercadillos o tiendas de segunda mano, o en el fondo de los armarios de cocina de la casa de los padres. Repito, *sofisticado* no significa «sabroso».

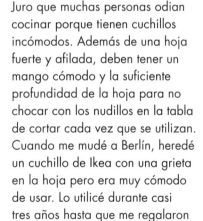

UN BUEN CUCHILLO

Juro que muchas personas odian cocinar porque tienen cuchillos incómodos. Además de una hoja fuerte y afilada, deben tener un mango cómodo y la suficiente profundidad de la hoja para no chocar con los nudillos en la tabla de cortar cada vez que se utilizan. Cuando me mudé a Berlín, heredé un cuchillo de Ikea con una grieta en la hoja pero era muy cómodo de usar. Lo utilicé durante casi tres años hasta que me regalaron uno especial para mi trigésimo cumpleaños.

TABLA DE CORTAR DE MADERA

Una o varias. La madera es el mejor material porque no dañará el cuchillo como el plástico o el cristal, pero absorbe los sabores, de modo que es aconsejable disponer de una para fruta y otra para verdura, o bien lavarla inmediatamente después de cortar.

ESPÁTULA DE SILICONA

¡Son una maravilla! Yo utilizo la mía para todo: es increíble la cantidad de hummus o pesto que se esconde en las paredes del robot de cocina o la cantidad adicional de batido que se puede obtener rascando las paredes de la batidora.

CUCHARA CON MANGO CÓMODO

Posiblemente sea el utensilio de cocina menos valorado, pero si la cuchara tiene un mango cuadrado en lugar de redondo, resultará mucho menos cómoda para rascar las semillas de una calabaza, alisar la masa para un brownie, untar una tortilla con hummus, remover las gachas, servir un postre de chía y el resto de tareas para las que la utilice.

ACCESORIOS DE COCINA

Abrelatas

Batidor de globo

Batidora de vaso o de mano: para sopas, batidos, hamburguesas, etcétera

Cacerolas pequeña, mediana y grande

Cacitos medidores y cucharas si prefiere ser preciso

Cepillo para frotar verduras

Colador

Cuchara de madera

Cucharón

Cuchillo con sierra para cortar el pan y los tomates

Fuente para lasaña (o brownies)

Espátula de acero inoxidable

Espiralizador: para hacer espaguetis de calabacín y zanahoria. No es esencial, pero vale la pena si quiere cocinar sin gluten o reducir el consumo de hidratos de carbono

Espumadera

Exprimidor de limones

Fuentes diversas para el horno

Moldes para pasteles: metálico alargado de 28 cm, redondos desmontables de 18 y 23 cm

Pelador de verduras

Procesador de alimentos: ideal para preparar

humus. No lo use para trocear frutos secos, se arrepentirá

Rallador: uno de caja con un accesorio para obtener raspadura de cítricos

Sartén para freír

TRUCOS Y CONSEJOS

POCO A POCO

Tanto si es usted un cocinero experimentado como uno principiante, tómeselo con caaalma. Dedique un minuto a leer la receta. Prepare los ingredientes. Póngase música o un podcast. Sírvase un buen vaso de agua. Bébaselo y luego sírvase más (o una copa de vino). Lave los platos o al menos despeje el espacio suficiente para cocinar cómodamente y compruebe que todos los accesorios que necesita estén limpios. Al principio se necesita más esfuerzo para hacer esto, en especial cuando tiene hambre y solo desea preparar algo de comer, pero tomárselo con calma al comenzar la receta y organizar el espacio y la mente facilita el proceso y lo hace más eficiente a la larga. Y acuérdese de respirar. A veces debo recordármelo. Cuando estoy hambrienta y apresurada, respiro de forma superficial en lugar de hacerlo profundamente con la barriga. La cocina no debe ser un lugar estresante, sino un espacio de felicidad.

ODA A LOS GARBANZOS

¿Cómo me gustan los garbanzos? Vamos a ver…

—En los curris en lugar del pollo
—En los sándwiches en lugar del huevo
—En forma de falafel, hummus, picatostes
—En la ensalada, germinados, en forma de harina para elaborar tortitas…

En serio, estas legumbres ofrecen tantas posibilidades que podría escribir un libro lleno de recetas con garbanzos. Además, son muy muy buenos para la salud.

Acostúmbrese a cocer una olla cada domingo. Puede guardarlos en el frigorífico hasta una semana o congelarlos si cree que no va a usarlos todos.

MOLER SEMILLAS DE LINO

Es mejor comprar las semillas de lino enteras, especialmente para repostería, ya que las molidas pueden ponerse rancias y arruinar el sabor de un pastel. Si utiliza el procesador de alimentos para molerlas pero salen disparadas, ponga un poco de agua en el vaso de la batidora con las semillas y luego muélalas. O utilice un molinillo de café si dispone de uno.

LAVE LAS VERDURAS EN CUANTO LLEGUE A CASA

De esta manera, todo estará a punto para usarlo cuando vaya a cocinar. Es especialmente importante en el caso de las hierbas, ya que no hay nada peor que trocear hierbas mustias mojadas. No empiezo cada receta con este paso porque asumo que lo hará usted. Para las hierbas y hortalizas de hojas verdes, lleno el fregadero de agua y sumerjo las verduras en ella durante al menos cinco minutos para que se desprenda toda la arena y barro. Luego las seco en un colador.

COCINAR SIN RECETA

Dejando las recetas a un lado, lo que más me gusta es echar unos champiñones en una cacerola con un puñado de lentejas o alubias cocidas, a veces un poco de berenjena o calabacín, que se cocine todo y luego servirlo con algún ingrediente de ensalada en un cuenco o como rollito. De hecho, tomo una variación de exactamente esto mismo al menos una vez al día. También me encanta asar un montón de hortalizas, untarlas con tahina y echarles granos de granada, y luego guardar las sobras en el frigorífico para usarlas en ensaladas y bocadillos durante los días siguientes. Las verduras asadas con aguacate son una combinación ideal, al igual que las patatas asadas con hummus y ensalada de col.

Otra manera de preparar una sabrosa comida sin seguir una receta consiste en cocer un cereal, complementarlo con un montón de hortalizas frescas, unas hierbas, frutos secos o garbanzos, ¡y a comer!

PLATOS
RÁPIDOS

—

SCONES DE KALE

Esta es mi versión de unos sabrosos scones. Como con todos los scones, lo mejor es tomarlos recién salidos del horno, untados con alguna salsa o mojados en una sopa o estofado.

HÁGALOS ASÍ...

Precaliente el horno a 180 °C (gas potencia 4) y coloque la bandeja en la posición del medio.

Ponga una sartén a fuego medio y cubra el fondo con una fina capa de aceite de oliva. Corte las cebollas en cuartos y retire la piel, luego corte cada trozo en láminas de 5 mm. Échelas a la sartén y remueva un par de minutos.

Lave las hojas de kale. Corte cada hoja por el centro, descarte la parte más dura del tallo, y luego trocéela en tiras de 5 mm. Añádalas a la sartén con la cebolla. Remuévalas hasta que la cebolla quede translúcida y la kale blanda. Retírelas del fuego.

Ponga la harina, la levadura y la sal en un cuenco grande y mézclelas con un tenedor. Agregue aceite de oliva, vuelva a mezclarlo todo con el tenedor y luego hágalo con los dedos cuidadosamente. Añada la leche y, primero con el tenedor y después con los dedos, mézclelo todo. Incorpore la kale y la cebolla y combínelo todo de nuevo con las manos.

Aún con las manos, disponga 8 montones de masa sobre una bandeja de horno engrasada. Espolvoree los scones con semillas de calabaza o sésamo y más sal si es alguien tan salado como yo. Hornéelos 10-12 minutos o hasta que se doren. Retírelos del horno y déjelos templar 10 minutos antes de comer.

VARIACIONES

Si no encuentra kale, utilice hojas de espinaca o de acelga.

LISTA DE LA COMPRA

un chorrito de aceite de oliva, para sofreír

2 cebollas blancas pequeñas, peladas

4-6 hojas grandes de kale

Para la masa:

375 g de harina

6 cucharaditas de levadura en polvo

1 cucharadita de sal marina

50 ml de aceite de oliva

250 ml de leche vegetal de su elección

semillas de calabaza o sésamo, para decorar

copos de sal marina, para decorar (opcional)

NACHOS RÁPIDOS

Cuenta la leyenda que los nachos fueron inventados durante la Segunda Guerra Mundial, cuando un grupo de mujeres entró en un restaurante mexicano que ya había cerrado aquel día. Para que no se quedaran sin comer, el camarero les montó un tentempié con lo poco que encontró en la cocina: tortillas, queso y jalapeños. La improvisada creación resultó tan deliciosa que acababa de nacer un nuevo clásico de la cocina tex-mex: los queridos nachos, que reciben el nombre de su creador, Ignacio «Nacho» Anaya.

Estos son tan distintos de los originales que seguro que los puristas pondrían en duda su autenticidad, pero no se puede negar que son deliciosos. En mi casa, son un clásico en todas las estaciones, pero si los toma solo una vez al año, que sea el 21 de octubre, el Día Internacional del Nacho.

HÁGALOS ASÍ...

Precaliente el horno a 160 °C (gas potencia 3).

Disponga los triángulos de tortilla en una bandeja de horno. Escurra las alubias y espárzalas por encima.

Prepare la salsa según la receta de la página 83. A media preparación, el horno estará listo. Entonces meta en él la bandeja con las tortillas y las alubias y acabe de preparar la salsa.

Cuando esté lista, saque las tortillas y las alubias, ahora ya calientes, del horno (utilice un trapo de cocina o una manopla). Remueva la salsa para que todo quede bien combinado y viértala sobre las alubias calientes.

Rocíelas con la Crema de anacardos, disponga el aguacate y los chiles por encima y exprima encima zumo de lima. Añada otros ingredientes a su gusto como granos de granada o trozos de mango. ¡Disfrute!

UNA NOCHE CÁLIDA DE VERANO...

... sáltese el paso del horno y tómese el plato frío, a modo de ensalada.

LISTA DE LA COMPRA

2-4 puñados grandes de triángulos de tortilla (de maíz)

1 bote de alubias negras
o 250 g de alubias negras cocidas

Salsa mexicana (pág. 83)

Crema de anacardos (pág. 140)

1 aguacate mediano maduro, en dados

1-2 chiles pequeños de su elección, picados

1 lima, en rodajas, para aliñar

Otros ingredientes opcionales:
un puñado de granos de granada

trozos de mango

trozos de piña

jalapeños

lechuga

queso vegano (espolvoreado sobre las alubias antes de meterlas al horno)

PLACERES VEGANOS

ENSALADA DE PASTA

Deliciosa tanto caliente como fría, la tomaría cada noche, si mis muslos lo permitieran...

HÁGALA ASÍ...

Cocine la pasta según las indicaciones del envase. Una vez cocida, escúrrala y sumérjala en agua fría para detener la cocción. Escúrrala de nuevo. Este paso es importante, o la pasta se pegará y se ablandará.

Corte en láminas finas las setas y los espárragos y sofríalos en un poco de aceite de oliva unos 5 minutos, hasta que las setas se ablanden. Los espárragos deben quedar algo crujientes.

Mezcle el pesto con la pasta para embadurnarla bien, luego añada las setas y espárragos y el resto de ingredientes. Decore la ensalada con los pistachos antes de servirla.

Coma el plato inmediatamente o consérvelo en el frigorífico hasta 2 días.

UN TRUCO QUE APRENDÍ

Si prepara el plato con pasta de alforfón, debe consumirlo de inmediato. De lo contrario, se convierte en un gran pegote de alforfón que no sabe bien.

LISTA DE LA COMPRA

500 g de pasta, como macarrones, orecchiette, conchas, espirales

200 g de champiñones marrones

1 manojo de espárragos (unos 6-7)

aceite de oliva

3-4 cucharadas de Pesto verde (pág. 136)

10 tomates cherry, partidos por la mitad o en cuartos

2-3 puñados de rúcula u hojas pequeñas de espinacas

½ cebolla morada mediana, pelada y en láminas muy finas

4 cucharadas de pistachos tostados o almendras en láminas, para decorar

Otros ingredientes opcionales:

aceitunas

corazones de alcachofa

cebolletas

BOCADILLOS DE GARBANZOS AL CURRI

Echaba de menos los sándwiches de huevo al curri de mi padre hasta que los chicos de *Thug Kitchen* me dieron la idea de utilizar garbanzos en lugar de huevos. ¡He aquí otra maravillosa manera de tomar mis queridos garbanzos!

HÁGALOS ASÍ...

Lave y escurra los garbanzos y colóquelos en un cuenco mediano con el aguacate, el aceite de oliva y el zumo de limón. Cháfelo todo con un tenedor hasta que quede bien mezclado pero con algunos trocitos.

Pique muy finos la cebolla, los pepinillos y el perejil y añádalos a la mezcla junto con el curri, la sal y la pimienta. Mézclelo todo bien. Pruébelo y rectifique la sal o el curri si es necesario.

No hace falta que explique cómo montar el bocadillo: pan, lechuga, pasta de garbanzos, pan, apriételo y luego llévéselo a la boca.

LISTA DE LA COMPRA

Para la pasta de garbanzos:
250 g de garbanzos cocidos o 1 bote
1 aguacate grande maduro, troceado
un chorrito de aceite de oliva
un chorrito de zumo de limón
1 cebolla morada pequeña, pelada
4 pepinillos en vinagre
un puñado de hojas de perejil
1 cucharada de curri en polvo
sal marina y pimienta negra recién molida

Para el bocadillo:
4 panecillos o rebanadas de pan
lechuga mantecosa pequeña (o cualquiera de su gusto) u hojas pequeñas de espinacas

TABULÉ

—

Una versión del clásico de Oriente Próximo lo bastante sustanciosa para disfrutarla como plato único o guarnición de infinitos platos.

HÁGALO ASÍ...

Cocine los cereales según las indicaciones del envase. Mientras se cuecen, tueste las semillas de comino y los piñones en una sartén a fuego medio, removiéndolos frecuentemente, hasta que suelten su aroma y se doren un poco. Retírelo del fuego y resérvelos.

Pique muy finos la cebolla, los tomates, el pepino y los rábanos y dispóngalos en un cuenco grande con los garbanzos. Pique las hojas de menta y perejil y añádalas al cuenco. Puede dejar los tallitos más finos, pero retire los más gruesos para que no se le claven en la boca al comer.

Cuando termine de cocer los cereales, deje que se templen un poco y luego rocíelos con aceite de oliva y espolvoree un poco de sal por encima. Ahuéquelos con un tenedor para que se separen los granos y no queden grumos. Eche los cereales al cuenco y remuévalos para mezclarlos con las hierbas y las verduras.

Aliñe el tabulé con zumo de limón y pimienta negra recién molida y remuévalo de nuevo, luego acabe con las semillas de comino y los piñones. Eche por encima los granos de granada y sirva el tabulé enseguida o consérvelo en el frigorífico hasta 3 días.

VARIACIONES

Esta receta es increíblemente versátil y acepta mil y una variaciones. Pruebe con cebolletas, cebollino, albahaca o cilantro para un sabor distinto. No utilice los rábanos o el pepino si no le gusta su sabor y experimente con cereales diferentes. Las almendras en láminas tostadas resultan deliciosas por encima. El aguacate troceado también queda bien.

LISTA DE LA COMPRA

175 g de cereales de su elección; el tradicional es el bulgur, pero se puede emplear cuscús, quinoa, freekeh, mijo o incluso arroz de coliflor

1 cucharada de semillas de comino

2 cucharadas de piñones

1 cebolla morada pequeña, pelada

3 tomates maduros grandes o 2 puñados de tomates cherry

1 pepino pequeño

6 rabanitos

50-250 g de garbanzos cocidos o ½-1 bote, lavados y escurridos

un puñado de hojas de menta

3 puñados de perejil de hoja lisa

aceite de oliva

sal marina, al gusto

zumo de 1 limón

pimienta negra recién molida, al gusto

granos de ½ granada, para decorar

BUÑUELOS DE MAÍZ

——

Un clásico de mi infancia, a la vegana.

HÁGALOS ASÍ...

Si usa maíz en lata, retire todo el líquido antes de emplearlo: yo normalmente abro la lata, la vacío en un colador y dejo el maíz allí mientras preparo el resto de ingredientes; luego lo presiono un poco con las manos para acabar de escurrirlo. Esto marca una gran diferencia en el sabor y textura de los buñuelos.

Ponga una sartén de hierro fundido o antiadherente a fuego medio-alto. Mezcle la harina, el bicarbonato, la sal y pimienta recién molida con la leche de arroz o de soja. Añada la cebolla troceada, el cilantro y el pimiento en dados a la masa. Agregue el maíz y mézclelo hasta que todo se combine bien. Le parecerá que no tiene suficiente masa. No tema. Se necesita la justa para aglutinar el resto de los ingredientes, no más.

Vierta aceite en la sartén hasta cubrir el fondo. Eche cucharadas de la masa a la sartén. Yo suelo hacerlos de tres en tres para poder darles la vuelta. Aplánelos ligeramente con el dorso de la cuchara para que no se rompan al girarlos y se cuezan de manera uniforme.

Cuando se formen burbujas, gírelos y déjelos cocer 2-3 minutos más o hasta que se doren. Repita el proceso hasta emplear toda la masa.

Mi forma preferida de tomarlos es como relleno de un bocadillo (como en la fotografía), con mi Hummus clásico, Cebollas caramelizadas, cilantro fresco, aguacate y cualquiera de las delicias que tenga en el frigorífico.

VARIACIONES

Utilice harina de alforfón, de arroz o de garbanzos en lugar de la harina integral. Si echa de menos el sabor característico que aporta el feta, añada tomates secos troceados o aceitunas verdes sin hueso troceadas.

LISTA DE LA COMPRA

400 g de maíz en lata o granos de 3 mazorcas
125 g de harina integral
½ cucharadita de bicarbonato
½ cucharadita de sal marina
150 ml de leche de arroz o de soja
1 cebolla morada pequeña, pelada y picada
un puñadito de tallos de cilantro (opcional), picados finos
1 pimiento rojo, en dados
aceite vegetal, para freír

Para servir como bocadillo (opcional):
rebanadas de pan con corteza crujiente
Hummus clásico (pág. 92)
Cebollas caramelizadas (pág. 149)
un puñado de cilantro
aguacate

COMIDAS EN UNA HORA

—

BOLOÑESA CON ESPAGUETIS DE CALABACÍN

Sustituir la carne picada por lentejas es una de las maneras más fáciles de reducir o eliminar la carne de la dieta. Esta receta es un ejemplo de ello. Si dispone de tiempo, prepárela con antelación, ya que siempre sabe asombrosamente mejor el día siguiente.

HÁGALA ASÍ...

Si utiliza lentejas secas, cuézalas en 500 ml de agua durante 20 minutos.

Prepare la salsa de tomate según la receta de la página 138. Pique muy finos los tomates secos y las setas y añádalos a la salsa mientras se cuece, junto con el vinagre balsámico.

Cuando las lentejas estén listas, escúrralas y añádalas, estas o las de bote, a la salsa y deje que cuezan 10 minutos más o hasta que vaya a servir el plato.

Convierta los calabacines en espaguetis vegetales mediante un espiralizador y escáldelos brevemente en agua hirviendo, si lo desea. Si los prefiere crudos, dispóngalos en el plato tal cual. Cúbralos con la salsa y espolvoree las semillas de calabaza y las hojas de albahaca por encima.

¡Sírvalos con pan crujiente para deshacer los beneficios de tomar espaguetis de calabacín en lugar de trigo!

VARIACIONES

Si no dispone de espiralizador, puede utilizar espaguetis normales u otro tipo de pasta que le apetezca. También puede servir la salsa como relleno de un bollo en lugar de con espaguetis, si lo prefiere.

LISTA DE LA COMPRA

185 g de lentejas verdinas o pardinas (yo prefiero las de Puy) secas, o 2 botes, escurridas

1 ración de Salsa napolitana de tomates frescos (pág. 138)

un puñadito de tomates secos (no los que vienen en aceite)

500 g de setas de su elección

1 cucharada de vinagre balsámico

4 calabacines medianos

semillas de calabaza tostadas y albahaca, para servir

pan crujiente

ENSALADA DE ARROZ NEGRO

Ideal para llevarla a una fiesta o disfrutarla para cenar, y como almuerzo a base de sobras al día siguiente.

HÁGALA ASÍ...

Primero cueza el arroz en 500 ml de agua en una olla mediana. Llévelo a ebullición y luego baje el fuego para que hierva suavemente 40 minutos. Retírelo del fuego, incorpore el aceite y déjelo templar un poco mientras prepara el resto de ingredientes.

Corte en dados pequeños la cebolla, los tomates cherry y el pimiento. Corte en láminas finas el rábano y el chile, si lo usa. Trocee las hojas verdes, corte el aguacate en láminas, retire los granos de la granada y exprima la lima. Tueste las semillas de comino con los piñones a fuego medio hasta que suelten su aroma.

Disponga los ingredientes frescos en la olla con el arroz cocido y remuévalos para combinarlo bien. Sirva la ensalada con las semillas de comino y los piñones tostados. Si no la sirve enseguida, asegúrese de que el arroz esté ya frío antes de añadirle el resto de ingredientes para que el calor no los deje mustios.

VARIACIONES

Como siempre, este es un plato que se puede adaptar según lo que se tenga a mano. La piña es un buen sustituto de la granada y las almendras laminadas le van tan bien como los piñones.

LISTA DE LA COMPRA

200 g de arroz negro

3 cucharadas de aceite de aguacate o de oliva

1 cebolla morada mediana, pelada

2-3 puñados grandes de tomates cherry

1 pimiento amarillo

1 rábano rojo largo o 6 rábanos rojos redondos

1 chile rojo (opcional)

2 puñados grandes de hojas pequeñas de espinacas u otras hojas para ensalada

un buen puñado de perejil y otro de cilantro

1 aguacate grande maduro

½ granada

1 lima

1 cucharada de semillas de comino

3 cucharadas de piñones

TACOS DE YACA

Esta es una de aquellas cosas que uno no cree hasta que la prueba. Una vez cocida, la textura de la yaca se parece tanto a la carne que algunos de mis amigos me preguntan si lo que comen es vegetariano cuando la sirvo en una barbacoa. Se puede comprar yaca en los buenos supermercados de comida asiática, pero es importante que sea en su jugo, no en almíbar.

HÁGALOS ASÍ...

Caliente un poco de aceite a fuego medio en una olla y agregue la cebolla picada fina. Remuévala hasta que quede transparente.

Añada la canela y el comino y remuévalos hasta que suelten su aroma, luego incorpore los tomates, el concentrado de tomate, el humo líquido (si lo usa), el pimentón, azúcar, ajo y vinagre de sidra.

Escurra la yaca y añádala al sofrito cuando burbujee. Deje sofreír todo mientras prepara la salsa mexicana y el resto de los ingredientes, removiéndolo de vez en cuando.

Al cabo de media hora, la yaca debería estar tierna y podrá desmenuzarla con la cuchara de madera, unas pinzas o un tenedor. Hágalo y remueva todo una vez más para que todos los trozos de yaca queden impregnados de sofrito.

Monte los tacos: yaca, salsa, aguacate, Crema de anacardos, granada, zumo de lima y tiras de chile.

VARIACIONES

Si no dispone de todos los ingredientes para elaborar la receta, también resulta deliciosa si cocina la yaca en una salsa barbacoa comprada. Sírvala con la Ensalada de col (pág. 82) para una combinación genial.

Si no encuentra yaca en su jugo, puede aplicar la misma preparación con seitán, tempeh, tofu o setas.

LISTA DE LA COMPRA

aceite de oliva
1 cebolla morada o blanca mediana, pelada y picada fina
½ cucharadita de canela en polvo
1 cucharadita de semillas de comino
400 g de tomates en lata troceados
2 cucharadas de concentrado de tomate
1 cucharadita de humo líquido (pág. 15) (opcional, pero espectacular)
1 cucharadita de pimentón dulce
1 cucharada de azúcar moreno
3 dientes de ajo, pelados y machacados
1 cucharadita de vinagre de sidra
565 g de yaca en su jugo

Para los tacos:
8 bases para taco
Salsa mexicana (pág. 83)
1 aguacate grande maduro, chafado
Crema de anacardos (pág. 140)
granos de ½ granada
1 lima, en cuartos, para servir
1 chile verde grande, en tiritas

ESTOFADO DE SETAS

——

**Mitad sopa, mitad guiso, este estofado de setas es mi manera preferida
de celebrar el fresco tiempo otoñal.**

HÁGALO ASÍ...

Ponga una olla a fuego medio y añada suficiente aceite para cubrir
ligeramente el fondo.

Pique finas la mitad de las setas. Échelas con la cebolla y los tomates
picados a la olla y remueva todo. Corte en grandes trozos el resto de las
setas y agréguelas a la olla.

Incorpore el ajo, junto con el caldo vegetal, la nuez moscada, la
harina, el pimentón, el tomillo y pimienta negra recién molida. Mezcle
todo bien y asegúrese de que no queden grumos de harina. La mezcla
habrá espesado un poco. Si no, añada más harina.

Agregue las hojas de laurel y cocínelo todo media hora. Pruébelo y
rectifique la sal. Mi caldo de verduras es lo bastante salado, pero si utiliza
una marca de bajo contenido en sal, es posible que deba añadir un poco
para resaltar el sabor. Incorpore el perejil troceado justo antes de servirlo.

Tome el estofado con puré de patatas (véase la receta de Puré de
patatas masala en la página 97, cambiando las especias por unas hierbas
frescas como cebollino o romero), quinoa, pan crujiente y las hortalizas
verdes que tenga a mano, como kale, espinacas o brócoli.

LISTA DE LA COMPRA

aceite de oliva

1 kg de setas variadas

1 cebolla blanca grande, pelada y picada

3 tomates, picados finos

4 dientes de ajo, pelados y picados

1 litro de caldo vegetal

½ cucharadita de nuez moscada en polvo

2-4 cucharadas de harina (puede usar
integral o una variedad sin gluten, como la
harina de arroz)

1 cucharadita de pimentón dulce y 1 de
tomillo seco (opcional)

pimienta negra recién molida

2 hojas de laurel

sal marina (opcional)

un buen puñado de perejil de hoja plana,
picado fino

Para servir (opcional):

puré de patata, quinoa o pan crujiente
y las hortalizas verdes disponibles en su
frigorífico

CURRI DE ESPINACAS Y GARBANZOS

Un rico curri indio para cuando hace falta algo verde.

HÁGALO ASÍ...

Cueza el arroz según su método preferido o prepare el Puré de patatas masala siguiendo la receta de la página 97.

Lleve a ebullición una olla grande llena de agua. Ponga las espinacas en el agua y cuézalas 3 minutos. Escúrralas y hágalas puré con el jengibre y la mitad de los ajos machacados. Algunas personas recomiendan poner las espinacas en un cuenco con agua y hielo para que conserven su color. Puede hacerlo, pero no es necesario.

Seque la olla en que ha cocido las espinacas, y póngala de nuevo a fuego medio. Derrita el aceite de coco en la olla y agregue las cebollas picadas y las semillas de comino. Remuévalos un par de minutos y luego añada el resto de ajos y los tomates.

Cocínelos hasta que los tomates se hagan un poco y luego añada la cúrcuma, la mezcla de especias garam masala, la asafétida y la sal. Remueva todo un minuto y entonces añada el puré de espinacas y unos 400 ml de agua. Mezcle suavemente y luego agregue los garbanzos y la leche de coco. Tape la olla y cocine la mezcla 20 minutos o hasta 2 horas si lo prepara con antelación.

Sirva el curri con el arroz basmati o el Puré de patatas masala y decórelo con anacardos, cilantro y un poco más de leche de coco.

LISTA DE LA COMPRA

400 g de arroz basmati o Puré de patatas masala (pág. 97)

500 g de hojas pequeñas de espinacas

un trozo de jengibre fresco de 2,5 cm

5 dientes de ajo, pelados y machacados

1 cucharada colmada de aceite de coco

1 cebolla blanca mediana, pelada y picada fina

2 cucharaditas de semillas de comino

4 tomates pequeños, troceados

1 cucharadita de cúrcuma en polvo

2 cucharaditas de especias garam masala

¼ de cucharadita de asafétida

1 cucharadita de sal marina

2 botes de garbanzos cocidos o 500 g

1-2 cucharadas de leche de coco, y más para servir

un puñado de anacardos, para decorar

un puñado de cilantro, picado fino, para decorar

CURRI VERDE TAILANDÉS

Los curris tailandeses son una de mis maneras preferidas de presentar la cocina vegana a quienes comen carne. Solo cambiando la carne por garbanzos, un curri tailandés se vuelve accidentalmente vegano.

HÁGALO ASÍ...

Cocine el arroz según su método preferido.

Lave y escurra los garbanzos y trocee la hortaliza dura y rica en almidón, retirando la piel si se trata de una calabaza (yo dejo la piel si uso patatas, boniatos o calabaza Hokkaido).

Caliente el aceite de coco en una olla grande a fuego medio. Añada la cebolla, el ajo y los tallos de cilantro (reserve las hojas), y remuévalos hasta que la cebolla quede blanda y translúcida. Añada la pasta de curri y remuévala hasta que suelte su aroma.

Incorpore la leche de coco, los garbanzos y la hortaliza y suba el fuego. Cuando hierva, añada los champiñones y la berenjena, luego baje el fuego y cocine todo 30 minutos, hasta que la hortaliza y la berenjena se pinchen con facilidad con un tenedor. Agregue los guisantes justo antes de servir el plato.

Sirva el arroz cocido en 4 boles, eche el curri por encima y decore todo con las hojas de cilantro reservadas, unas láminas de coco y chile.

VARIACIONES

Puede usar tofu o tempeh en lugar de garbanzos si lo desea. Utilice pasta de curri roja o amarilla en vez de verde. Sustituya la mitad de la leche de coco por agua si quiere reducir el contenido en grasas, pero recuerde que la leche de coco es muy muy saludable y llena de «grasas buenas» (las que el organismo sabe procesar). Añada sin dudarlo cualquier verdura que le apetezca, como brócoli, coliflor, brotes de soja, calabacín y pimiento dulce.

LISTA DE LA COMPRA

400 g de arroz jazmín integral

250 g de garbanzos cocidos o 1 bote

1 hortaliza rica en almidón, como una calabaza, boniato o patatas

2 cucharadas de aceite de coco

1 cebolla blanca grande, pelada y picada

3 dientes de ajo, pelados y picados finos

un manojo de cilantro, con las hojas y los tallos separados, estos últimos picados finos

pasta de curri verde para 4 personas (consulte el envase, pero suele ser 1-2 cucharadas)

500 ml de leche de coco

1-2 puñados de champiñones marrones, en láminas

1 berenjena pequeña, troceada en dados

1-2 puñados de guisante mollar

coco en láminas, para decorar

chile rojo, en tiras, para decorar

SOPA DORADA CON PICATOSTES DE GARBANZO

——

Una sopa contra el frío que le hará brillar desde el interior.

HÁGALA ASÍ...

Precaliente el horno a 180 °C (gas potencia 4).

Para preparar los picatostes, lave y escurra los garbanzos. Colóquelos en una sartén con el aceite, las especias y la sal; tápela y sacúdala para que se embadurnen bien. Póngalos en una fuente para el horno y áselos 30-40 minutos.

Para la sopa, pele y trocee la cebolla, el jengibre y la cúrcuma (si la usa fresca) y resérvelos.

Trocee las hortalizas anaranjadas en dados de unos 1,5 cm. Yo dejo la piel en todos los ingredientes posibles, pero si usa una calabaza de piel dura (es decir, cualquiera que no sea la variedad Hokkaido), deberá pelarla antes de cocerla.

Vierta suficiente aceite en una cacerola para cubrir la base y póngala a fuego medio. Añada la cebolla, el jengibre y la cúrcuma. Remuévalos con una cuchara de madera un par de minutos y luego agregue las hortalizas anaranjadas.

Vierta el caldo en la cacerola, luego añada el ajo con la hoja de laurel y las especias. Condiméntela con pimienta negra recién molida y luego tape la cacerola. Llévela a ebullición y entonces baje el fuego, removiendo la sopa de vez en cuando para que no se pegue.

LISTA DE LA COMPRA

Para los picatostes:

250 g de garbanzos cocidos o 1 bote

2 cucharadas de aceite de oliva

½ cucharadita de cúrcuma en polvo

1 cucharadita de comino en polvo

½ cucharadita de ajo en polvo (opcional, pero queda muy rico)

1 cucharadita de sal marina

Para la sopa:

1 cebolla mediana (unos 125 g cuando ya esté cortada)

un trozo del tamaño del pulgar de jengibre fresco

un trozo del tamaño del pulgar de cúrcuma fresca

1 boniato grande*

3 zanahorias medianas*

½ calabaza mediana*

aceite de oliva

1 litro de caldo vegetal o 1 cucharadita de levístico y 1 cucharadita de sal marina mezcladas con 1 litro de agua

4 dientes de ajo, pelados y troceados

1 hoja de laurel

1 cucharadita de cilantro molido (opcional)

½ cucharadita de pimentón picante

pimienta negra recién molida, al gusto

* se necesitan unos 500 g de cada hortaliza, una vez troceada, o alrededor de 1,5 kg en total, pero no se preocupe demasiado por las cantidades

Cueza el caldo aproximadamente 30 minutos o hasta que las verduras cedan con facilidad al presionarlas con el dorso de la cuchara. Una vez cocinada, deje templar la sopa 10 minutos, retire la hoja de laurel y tritúrela hasta obtener una crema suave sin grumos.

Sirva la sopa en cuencos, con los garbanzos tostados encima y hierbas frescas a su gusto, pesto o un aceite gustoso como el de aguacate, oliva, semilla de calabaza o nueces. Tómela con los sabrosos Scones de kale (pág. 22) o con pan crujiente caliente.

CREMA DE PATATA, PUERRO Y ALUBIAS BLANCAS

La crema de patata y puerro es una de mis favoritas, en cuanto a sabor, pero como plato único presenta carencias nutricionales. Con el fin de justificarla como menú completo le añado alubias blancas, repletas de proteínas y hierro, que completan una sopa que sacia por completo.

HÁGALA ASÍ...

Eche un poco de aceite en una cacerola y luego póngala a fuego medio. Trocee las cebollas, el ajo, los puerros y las patatas, agregándolos a la cacerola a medida que los vaya preparando y removiendo después de incorporarlos cada vez.

Añada las alubias, el caldo vegetal, la hoja de laurel y la sal. Lleve la sopa a ebullición y luego baje el fuego. Cocine todo 20 minutos o hasta que las patatas se pinchen fácilmente con un tenedor.

Retire la cacerola del fuego y déjela templar 10 minutos. Saque la hoja de laurel y triture la sopa hasta obtener una crema suave.

Sírvala con mucha pimienta negra, hierbas frescas de su elección, chile y pan tostado. Carbohidratos, más carbohidratos, más carbohidratos. ¡Ñam!

CONSEJO

Si prefiere una crema con trozos grandes, triture solo la mitad de la sopa y mézclela con la otra mitad para servirla.

LISTA DE LA COMPRA

aceite de oliva

2 cebollas blancas grandes, peladas

4 dientes de ajo, pelados

3 puerros

1 kg de patatas grandes, cepilladas y lavadas

500 g de alubias blancas cocidas o 2 botes, escurridas

1,5 litros de caldo vegetal

1 hoja de laurel

2 cucharaditas de sal marina

pimienta negra recién molida, al gusto

hierbas, como perejil, cebollino o ajedrea

chile rojo machacado, al gusto

pan tostado, para servir

ENSALADA DE ROLLITO DE VERANO

—

Esta es mi solución cuando me apetece comer rollitos de verano pero no tengo ganas de tanta preparación.

HÁGALA ASÍ...

Cocine los fideos según las instrucciones del envase y luego rocíelos con aceite de sésamo para evitar que se peguen.

Corte las zanahorias y el pimiento rojo en bastoncitos. Corte los rábanos, los pepinos y el aguacate en láminas finas. Trocee las hierbas. Ponga todos los ingredientes en un cuenco, vierta el aliño por encima y mézclelo todo bien con las manos.

Trocee las cebolletas y échelas por encima con los frutos secos y las semillas de sésamo. ¡Sirva enseguida!

VARIACIONES

Sé que las hierbas pueden resultar caras; por eso, si no puede conseguir todas las de la receta, añada unas hojas pequeñas de espinacas y use las hierbas que pueda.

LISTA DE LA COMPRA

fideos de arroz para 4 personas
(unos 2 paquetes o 300 g)

un chorrito de aceite de sésamo tostado

3 zanahorias medianas, peladas

1 pimiento rojo mediano

un puñado de rábanos

1 pepino grande o 3 pequeños

1 aguacate grande maduro

1-2 puñados grandes de cilantro,
de menta y de albahaca tailandesa

Aliño de jarabe de arce y lima (pág. 146)

2-5 cebolletas

1-2 puñados grandes de anacardos
o cacahuetes

semillas de sésamo negro, para decorar

BURGERS DE ALUBIAS NEGRAS

———

¿A quién no le encantan las hamburguesas? Esta receta es simple y deliciosa, y gusta a todo el mundo, incluso a los que comen carne.

Una hamburguesa es suficiente para llenarse, pero me gusta servirlas con Yuca frita (pág. 96) o una ensalada como guarnición, especialmente cuando tengo invitados.

HÁGALAS ASÍ...

Ponga un poco de aceite en una cacerola mediana a fuego medio. Añada las semillas de comino, la cebolla y el ajo, y remueva todo hasta que la cebolla quede transparente.

Agregue gran parte de las alubias (reserve alrededor de un tercio). Remueva unos minutos hasta que se ablanden y luego retire la cacerola del fuego y cháfelas hasta conseguir una pasta homogénea.

Incorpore la avena o la harina, sal, pimentón y pimienta negra recién molida a la mezcla de alubias. Añada el resto de alubias, el maíz y el cilantro, y luego mézclelo todo bien con las manos. Ahora ya debería poder dar forma a las hamburguesas. Si la mezcla es demasiado húmeda, añada más avena o harina, de cucharada en cucharada. Si es excesivamente seca, añada agua o aceite.

Disponga una sartén de base gruesa sobre fuego medio. Forme 4 hamburguesas grandes o 6 medianas y cuézalas hasta que se doren o se churrasquen un poco, según su preferencia.

Prepare el resto de ingredientes mientras se cuecen las hamburguesas: tueste los panecillos o lave las hojas de lechuga, corte el tomate, la cebolla y el aguacate (o cháfelo para hacer guacamole) y elabore Mayonesa de chipotle con las hojas de cilantro. Ahora ya puede montar el plato de abajo arriba: pan (u hoja de lechuga), aguacate, hamburguesa, tomate, cebolla, cilantro, mayonesa, pan. Sirva con una buena porción de Yuca frita.

LISTA DE LA COMPRA

....

aceite de oliva o de aguacate

1 cucharada de semillas de comino

1 cebolla morada grande o 2 pequeñas, peladas y picadas finas

2-4 dientes de ajo, pelados y picados finos

500 g de alubias negras cocidas o 2 botes, escurridas

45 g de copos de avena instantáneos o 65 g de harina de alforfón

1 cucharadita de sal marina

1 cucharadita de pimentón dulce

pimienta negra recién molida, al gusto

unos 100 g de granos de maíz, fresco o en lata, escurridos

un puñadito de cilantro, picado fino

Yuca frita (pág. 96), para servir

Para servir la hamburguesa:

4-6 panecillos de hamburguesa u hojas de lechuga si desea un plato sin gluten

1 tomate grande

1 cebolla morada grande

1 aguacate grande

un puñado de cilantro

Mayonesa de chipotle (pág. 141)

CENAS
CON CALMA

—

FALAFEL

—

Una versión saludable de mi obsesión frita.

HÁGALO ASÍ...

Deje los garbanzos en remojo toda la noche o todo el día en un cuenco grande con agua.

Precaliente el horno a 180 °C (gas potencia 4) y coloque la bandeja del horno en la altura superior.

Escurra los garbanzos y échelos al procesador de alimentos. Trocee la cebolla, el ajo y las hierbas y échelos también al procesador con el resto de ingredientes excepto las semillas de sésamo o cáñamo. Triture la mezcla, rascando la pasta de las paredes de vez en cuando, hasta que consiga una consistencia de migas de pan. No triture demasiado la mezcla si no quiere que se convierta en hummus.

Con la masa de una consistencia parecida a las migas de pan, mójese las manos y forme unas 12 bolas de tamaño algo más grande que una pelota de golf. Reboce cada bola con las semillas. Dispóngalas sobre la bandeja del horno, ligeramente untada de aceite.

Hornéelas 30 minutos, dándoles la vuelta a media cocción.

NOTAS

Normalmente, soy flexible en cuanto al uso de legumbres secas o en bote, según el tiempo del que se disponga. Pero este caso es una excepción. No use garbanzos envasados. Si desea que le salga bien la receta, debe remojarlos.

En lugar de formar bolas, puede formar hamburguesas y asarlas al horno o freírlas (unos 10 minutos por cada lado a fuego medio). Yo las sirvo con panecillos o pan pita con ensalada, pepinillo en vinagre y salsas caseras.

LISTA DE LA COMPRA

375 g de garbanzos secos
1 cebolla blanca mediana o ½ grande, pelada
5 dientes de ajo, pelados
un buen puñado de perejil
un buen puñado de cilantro (opcional)
3 cucharaditas de semillas de comino
2 cucharaditas de semillas de cilantro
2 cucharaditas de sal marina
1 ½ cucharadita de cúrcuma en polvo
1 cucharadita de canela en polvo
½ cucharadita de cardamomo en polvo
½ cucharadita de pimentón picante
abundante pimienta negra recién molida
3 cucharadas de aceite de oliva
2 cucharadas colmadas de harina blanca o de alforfón
semillas de sésamo o de cáñamo, para rebozar

Para servir:
Hummus clásico (pág. 92), tahina, Mutabal (pág. 88), Salsa de cacahuetes (pág. 146), Tabulé (pág. 31), ensalada, pepinillos y pan pita

DUMPLINGS DE GUISANTE Y PATATA

No hay una forma rápida de preparar estos dumplings de patata, pero si se dispone de tiempo, vale la pena invertirlo en ellos para disfrutar de estos bocados con sabor primaveral.

HÁGALOS ASÍ...

Precaliente el horno a 180 °C (gas potencia 4).

Cepille las patatas para limpiarlas, córtelas en cuartos y dispóngalas sobre una bandeja para el horno. Ase las patatas 30-40 minutos, hasta que se pinchen con facilidad con un tenedor.

Saque los guisantes de sus vainas y échelos a una olla de agua hirviendo. Cuézalos 5-10 minutos y retírelos del agua con una espumadera. No tire el agua: manténgala hirviendo mientras tanto para utilizarla después para comprobar y hervir la masa de los dumplings.

Chafe las patatas, los guisantes y raspadura de limón hasta que las patatas queden bien deshechas y los guisantes hechos puré. Pueden quedar algunos trozos más enteros en el puré. Empiece a incorporar la harina, poco a poco, con un tenedor. Cuando la masa empiece a espesarse, añada el resto de la harina, un puñado cada vez, y amásela con la base de la palma de la mano.

Siga agregando harina hasta que la masa no resulte ni demasiado pegajosa ni demasiado firme. Rompa un trocito y pruébela echándolo al agua hirviendo. Debería flotar y conservar la forma. Si es así, la masa está lista. Si se desmonta, añada un poco más de harina.

Prepare el resto de dumplings. La manera más fácil es ir arrancando porciones de la masa y darles forma de bola o de croqueta.

LISTA DE LA COMPRA

1 kg de patatas grandes

300 g de guisantes con vaina

raspadura de 1 limón ecológico (la utilizará para los dumplings, por lo que es mejor usarlo orgánico si es posible)

125-250 g de harina (según la humedad de las patatas), y más para formar las bolas

aceite de oliva, para freír

sal marina y pimienta negra recién molida

rúcula u otras hojas de ensalada, para servir

piñones tostados, para decorar (opcional)

Añada agua a la olla hasta casi llenarla y llévela a ebullición de nuevo. Eche los dumplings al agua hirviendo por tandas de 10-12. Cuando floten, retírelas con la espumadera.

Ponga una sartén grande a fuego medio y añada un poquito de aceite de oliva. Fría los dumplings por tandas, cerciorándose de que siempre hay suficiente aceite para que no se peguen a la sartén. Cuando se dore la base, deles la vuelta. Si tienen forma de bolas, simplemente muévalas por la sartén para que se cocinen por igual.

Salpimiente y sírvalos sobre un lecho de hojas verdes. Eche piñones tostados por encima si desea darles un toque decadente.

SOPA INDIA SUPERSIMPLE

Reconfortante y deliciosa, esta sopa india supersimple es la cena perfecta después de un día de trabajo, pero si dispone de un poco más de tiempo para cocinar y desea sorprender a sus amigos con una cena estilo thali (de varios platos), también puede servirla con mi Curri de espinacas y garbanzos, de la página 44, y mi Puré de patatas masala, de la página 97.

HÁGALA ASÍ...

Cueza el arroz según su método preferido.

Caliente el aceite de coco en una cacerola mediana. Añada la cebolla y sofríala hasta que quede transparente.

Añada las semillas de comino y mostaza y remuévalas hasta que las segundas empiecen a saltar; entonces agregue la cúrcuma, la asafétida y el ajo, y remueva todo un minuto más. A continuación, añada las lentejas con 750 ml de agua, y suba el fuego.

Trocee el calabacín y la zanahoria como desee, aunque mi preferencia es en rodajas finas. También puede rallarlos si no le gusta cortar.

Cuando la sopa hierva, baje el fuego y siga removiendo y añadiendo agua si se espesa. Estará lista cuando las lentejas se hayan abierto.

Retire la sopa del fuego, incorpore una cucharadita de sal y déjela templar un poco antes de probarla. Es posible que precise más sal según su gusto. Decórela con el cilantro justo antes de servirla.

Sírvala con el arroz o si le apetece algo sofisticado, prepare un banquete con mi Curri de espinacas y garbanzos y mi Puré de patatas masala.

LISTA DE LA COMPRA

400 g de arroz basmati

1 cucharada de aceite de coco

1 cebolla blanca mediana, pelada y picada

2 cucharaditas de semillas de comino

1 cucharadita de semillas de mostaza negra

1 cucharadita de cúrcuma

¼ de cucharadita de asafétida

4 dientes de ajo, pelados y picados

400 g de lentejas rojas

1 calabacín grande

1 zanahoria grande

1 cucharadita de sal, y más al gusto

unas hojas de cilantro, para decorar

Para servir (opcional):
Curri de espinacas y garbanzos (pág. 44)
Puré de patatas masala (pág. 97)

PASTEL DE SETAS

Delicioso tanto caliente como frío, es un plato ideal para una cena informal o un día en el campo.

HÁGALO ASÍ...

Precaliente el horno a 180 °C (gas potencia 4).

Para elaborar la base, ponga la harina, la sal y el aceite en un cuenco y mézclelos con un tenedor hasta que los ingredientes se hayan combinado y el resultado se asemeje a unas migas. Agregue las semillas y mezcle todo.

Una a una, añada 4 cucharadas de agua, removiendo la mezcla tras cada adición, hasta que la masa se aglutine. La cantidad de agua dependerá de la humedad ambiental del día en concreto. Amase suavemente para formar una bola en el cuenco y luego pásela por una superficie enharinada.

Forme un círculo plano con los dedos, dele la vuelta y pásele el rodillo, luego siga dándole vueltas y pasándole el rodillo, espolvoreando un poco de harina cada vez, hasta que sea lo bastante grande para encajar en el molde y subir un poco por los lados. (Yo prefiero usar un molde metálico liso que uno con los bordes ondulados, porque me resulta mucho más estético, aparte de más fácil de limpiar.)

Con cuidado, pase la base al molde. Presiónela con los dedos para darle forma. Arregle las roturas o grietas con la masa que sobresalga de los bordes. Pinche la base con un tenedor y haga algunos agujeros. Hornee 20 minutos mientras prepara el relleno.

Para el relleno, cubra ligeramente con aceite de oliva el fondo de una cacerola y póngala a fuego medio. Pique finas las chalotas (o cebollas) y échelas a la cacerola con la sal. Sofríalas hasta que queden blandas y transparentes.

LISTA DE LA COMPRA

Para la base:
125 g de harina, y más para espolvorear
½ cucharadita de sal
50 ml de aceite de oliva
4 cucharadas de semillas pequeñas, como cáñamo, sésamo, amapola

Para el relleno:
aceite de oliva
3 chalotas (o 2 cebollas blancas pequeñas), peladas
1 cucharadita de sal
800 g de setas variadas
zumo de 1 limón
225 g de alubias blancas cocidas o 250 ml de yogur vegetal
3 cucharadas de harina
1 cucharadita de levístico seco, si tiene; si no, una pizca de caldo vegetal en polvo
1 cucharadita de pimentón dulce o copos de guindilla
2 dientes de ajo, pelados
un buen puñado de perejil de hoja plana
hierbas frescas adicionales de su elección (albahaca, romero, tomillo y salvia funcionan de maravilla)
pimienta negra recién molida, al gusto
un puñado de piñones tostados, para servir
hojas verdes, para servir

Mientras las chalotas se sofríen, trocee las setas en grandes pedazos y resérvelos.

Añada el zumo de limón y todas las setas a la cacerola. Remueva todo hasta que las setas empiecen a encogerse y soltar líquido. Mientras se cuecen las setas, lave y escurra las alubias blancas, si las va a usar, y tritúrelas.

Una vez las setas estén listas, añada la harina y las especias en dos tandas, removiendo la mezcla para combinarlo bien cada vez. Añada el puré de alubias o el yogur, el ajo picado, las hierbas frescas y la pimienta negra. Mezcle y despegue de la cuchara los restos de relleno que queden.

Vierta el relleno sobre la base y eche los piñones por encima. Hornee 30-40 minutos antes de servir. Sirva la tarta sola, con hojas verdes o con ensalada.

LASAÑA

—

Esta es una receta algo engorrosa y que requiere tiempo, pero es divertido prepararla con amigos si se asigna a cada persona una parte del proceso y luego se monta, se hornea, se toma una copa de vino ¡y se come!

HÁGALA ASÍ...

Prepare la Salsa napolitana y la Crema de anacardos según las recetas, añadiendo el ajo picado y la nuez moscada a la crema al triturarla.

Precaliente el horno a 180 °C (gas potencia 4).

Caliente una parrilla. Corte los calabacines en rodajas diagonales de 5 mm. Pinte la parrilla con aceite de aguacate, disponga las rodajas de calabacín que quepan en ella y espolvoree sal por encima. Cocínelas 4-5 minutos o hasta que se marquen las líneas de la parrilla. Gírelas y áselas 4-5 minutos más y luego páselas a un plato; haga lo mismo con el resto de rodajas.

Caliente un poco de aceite de oliva en una cacerola a fuego medio. Añada la chalota picada y cocínela unos minutos. A continuación, agregue las setas y remuévalas hasta que empiecen a soltar agua. Retire los tallos gruesos de las acelgas o kale, corte las hojas por la mitad y luego en tiras finas y añádalas a la mezcla de chalota y setas.

Ponga los guisantes en una cacerola con agua fría y cuézalos a fuego alto. Cuando el agua hierva, los guisantes estarán listos, independientemente de si son frescos o congelados.

Monte la lasaña cubriendo el fondo de la fuente con placas de lasaña. Vierta un tercio de la salsa de tomate sobre las placas. Luego forme una capa de guisantes. Vierta un tercio de la Crema de anacardos.

LISTA DE LA COMPRA

1 ración de Salsa napolitana de tomates frescos (pág. 138)

2 raciones de Crema de anacardos (pág. 140) (puede arreglárselas con 1 o 1 ½ si 2 le parece demasiado)

1 diente de ajo, pelado y picado

½ cucharadita de nuez moscada rallada

3 calabacines grandes

aceite de aguacate, para pintar la parrilla

sal marina, al gusto

aceite de oliva

1 chalota, pelada y picada

200-400 g de champiñones marrones, en láminas finas

un manojo grande de acelgas o kale

235 g de guisantes, frescos o congelados

placas de lasaña para 3 capas en la fuente que vaya a emplear

un puñadito de semillas de cáñamo o piñones (o ambos)

hojas de albahaca, para decorar

Disponga otra capa de placas de lasaña sobre la de guisantes, otro tercio de la salsa de tomate, la mezcla de chalota, setas y acelgas y luego otro tercio de la Crema de anacardos.

Acabe con una capa de placas de lasaña y el resto de la salsa de tomate. Disponga las rodajas de calabacín por encima y rocíelo todo con el resto de Crema de anacardos. Eche las semillas de cáñamo o piñones por encima.

Ase la lasaña, tapada, en el horno durante 45 minutos y destapada otros 15 minutos. Déjela reposar 10 minutos antes de servir. Decórela con unas hojas de albahaca.

NOTAS

Puede comprar salsa de tomate preparada si no tiene tiempo de elaborarla en casa. También puede darle más consistencia de «carne» añadiendo lentejas, como en la receta de Boloñesa de la página 36. Para una lasaña sencilla, elimine los vegetales y utilice solo placas de lasaña, salsa de tomate y Crema de anacardos.

La calabaza y la berenjena también quedan muy bien en lugar del calabacín, al igual que los espárragos trigueros. Experimente. Esta receta es increíblemente versátil y siempre resulta deliciosa.

PASTEL DE FRUTOS SECOS

Esta alternativa vegetal al pastel de carne siempre es la primera opción para las cenas familiares porque está riquísimo, ¡y no hace falta ser vegano o vegetariano para disfrutarlo!

HÁGALO ASÍ...

Precaliente el horno a 190 °C (gas potencia 5).

Triture en el procesador de alimentos los anacardos, almendras, nueces, semillas, caldo vegetal en polvo, cáscara de zaragatona (o semillas de chía) y aceite de oliva con 100 ml de agua, hasta que los frutos secos estén bien troceados. Páselo todo a un bol grande, añada el resto de ingredientes y salpimiente al gusto la mezcla. Remuévala bien.

Forre un molde rectangular con papel vegetal, vierta la mezcla en él y presiónela para allanarla con el dorso de una cuchara. Debe quedar bastante firme. Espolvoree semillas de sésamo por encima y hornéela 1 hora, dándole la vuelta a media cocción para que se cueza de manera uniforme, en especial si su horno no es muy de fiar, como el mío.

Deje templar el pastel 10 minutos antes de servirlo. Sírvalo con Salsa de setas, verduras asadas y una gran ensalada.

NOTA

La cáscara de zaragatona aportará firmeza al pastel, mientras que las semillas de chía lo hacen más propenso a desmigarse. Ambas versiones son deliciosas.

VARIACIONES

¡Sea creativo! Si desea utilizar otros frutos secos y semillas, ¡adelante! Solo debe mantener las proporciones indicadas de manera aproximada.

LISTA DE LA COMPRA

155 g de anacardos

155 g de almendras

125 g de nueces

125 g de semillas de girasol

2 cucharadas de semillas de sésamo, 2 de lino y 2 de amapola, y más de sésamo para espolvorear

1 cucharadita de caldo vegetal en polvo

4 cucharadas de cáscara de zaragatona o de semillas de chía

100 ml de aceite de oliva

zumo de 1 limón

1 cebolla mediana, pelada y picada

3 dientes de ajo, pelados y picados

6 champiñones, pelados y picados

1 calabacín grande, rallado

3 cucharadas de harina (blanca, de arroz o de alforfón)

1 cucharada de ajedrea o perejil picado fino

1 cucharada de otras hierbas secas, como tomillo o romero

½ cucharadita de copos de guindilla o pimentón dulce (opcional)

sal marina y pimienta negra recién molida

Para servir:
Salsa de setas (pág. 139)
verduras asadas de su elección
una buena ensalada

¡PIZZA, PIZZA, PIZZA!

He aquí la prueba de que la pizza es espectacular aun sin queso.

HÁGALA ASÍ...

Ponga la harina, sal y levadura en un bol grande y mézclelas con un tenedor. Añada el aceite de oliva y el agua, poco a poco, y mézclelo todo hasta que se forme algo parecido a una bola.

Espolvoree harina sobre una superficie limpia grande. Eche la masa sobre la harina y amásela un par de minutos, hasta obtener una bola grande y suave. Déjela reposar uno o dos minutos mientras lava y seca el bol.

Vierta un poco de aceite de oliva en el fondo del bol, ponga la bola en su interior, cúbrala con un trapo de cocina limpio y déjela en un lugar cálido hasta que doble su tamaño. Esto suele tardar una hora pero puede llegar a las dos, según donde viva. Emplee este tiempo para preparar el resto de ingredientes que pondrá encima, y no limpie la superficie enharinada a menos que sea necesario porque va a necesitarla más tarde.

Una vez la masa doble su tamaño, pínchela para que suelte el aire y vuelva a colocarla sobre la encimera enharinada. Divídala en el número de pizzas que desee preparar y luego forme bolas con cada porción. Cúbralas con el trapo de cocina y déjelas reposar 20 minutos.

Precaliente el horno a 220 °C (gas potencia 7).

Sobre la misma superficie enharinada, extienda la masa, base a base. A mí me gusta aplanarla, espolvorearla con un poco de harina, pasar el rodillo un par de veces, darle la vuelta, pasar de nuevo el rodillo en la dirección opuesta, y luego pasarla con cuidado a una bandeja.

LISTA DE LA COMPRA

375 g de harina, y más para espolvorear

2 cucharaditas de sal marina

2 cucharaditas o 1 sobre de levadura seca

2 cucharadas de aceite de oliva, y más para el cuenco

250 ml de agua tibia

Ingredientes para las pizzas:
véase la página siguiente

Reservando algunas hojas para cuando salga la pizza del horno, añada los ingredientes de su elección (véase más abajo) y hornee la pizza 10-12 minutos o hasta que la base quede crujiente y dorada pero no quemada (a menos que le guste así, en cuyo caso, déjela un poco más). Retire la pizza del horno, añada las hojas verdes y salsas adicionales, ¡y a comer!

LOS INGREDIENTES

Aquí se puede dar rienda suelta a la imaginación y recurrir a lo que quede en el frigorífico o crear combinaciones especiales para sus pizzas. A mí me gusta la sencillez, de modo que prefiero preparar muchas pizzas pequeñas en lugar de una grande. Algunas combinaciones de éxito son (como se ve en la fotografía de la página siguiente):

— Patata, romero y sal marina. Realmente, la mejor pizza del mundo. Unte la masa con algo de aceite de oliva, cubra con rodajas finas de patata hervida, espolvoree romero y sal marina por encima y tocará el cielo.
— Pesto verde (pág. 136), Cebollas caramelizadas (pág. 149), tomates cherry y piñones.
— Cebollas caramelizadas (pág. 149), higos y nueces con rúcula y vinagre balsámico.
— Tomate, calabaza y aceitunas con Crema de anacardos (pág. 140) y microvegetales.
— Tomates secos y alcachofas.

En el sentido de las agujas del reloj, desde arriba: Pesto verde, cebollas caramelizadas, tomates cherry y piñones; Cebollas caramelizadas, higos y nueces con rúcula y vinagre balsámico; Patata, romero y sal marina; Tomate, calabaza y aceitunas con crema de anacardos y microvegetales

ROLLITOS DE BERENJENA

——

Este plato es exigente. Es de preparación engorrosa y elaboración larga, pero vale mucho la pena. Se pueden preparar algunos o todos los ingredientes el día antes si se desea.

HÁGALOS ASÍ...

Rebane la parte superior de cada berenjena y luego córtelas a lo largo, de modo que le queden 16 láminas. Disponga las láminas sobre trapos de cocina limpios. Espolvoréelas con sal y déjelas reposar un par de horas.

Precaliente el horno a 180 °C (gas potencia 4).

Unte una bandeja de horno con un poco de aceite de oliva, ponga las berenjenas en la bandeja y úntelas con un poco de aceite. Hornéelas 20 minutos y luego déjelas templarse mientras prepara lo demás.

Prepare la Salsa napolitana y la Crema de anacardos como indican las recetas. Ponga unas gotas de aceite en una sartén a fuego medio-bajo. Trocee finas las setas, nueces y espinacas y agréguelas a la sartén. Cuando suelten sus jugos, suba el fuego a medio-alto y remuévalas con frecuencia hasta que se evaporen de nuevo los líquidos.

Incorpore tres cuartas partes de la Crema de anacardos a la mezcla de setas y espinacas y remueva todo. Condimente la mezcla con abundante pimienta negra.

Ponga una cucharada del relleno sobre cada lámina de berenjena, coloque una hoja de albahaca encima y enróllela; luego dispóngalas en una fuente para lasaña con el punto de unión en la parte de abajo. Vierta la salsa de tomate sobre los rollitos y hornéelos media hora. Eche el resto de Crema de anacardos por encima antes de servirlos con algo de pan crujiente y ensalada.

LISTA DE LA COMPRA

3-4 berenjenas grandes

sal marina

aceite de oliva

1 ración de Salsa napolitana de tomates frescos (pág. 138)

1 ración de Crema de anacardos (pág. 140)

20 champiñones marrones medianos

150 g de nueces

200 g de hojas pequeñas de espinacas

16 hojas de albahaca fresca

pimienta negra recién molida

BUENAS COMPAÑÍAS

—

PLACERES VEGANOS

ENSALADA DE FRUTA A LA PARRILLA CON HIERBAS SILVESTRES

Una combinación del sabor intenso de las frutas con hueso, caramelizadas con hierbas silvestres y un sencillo aliño balsámico.

HÁGALA ASÍ...

Encienda la barbacoa o caliente una parrilla a fuego alto. Corte cada pieza de fruta por la mitad o en cuartos y retire el hueso.

Unte la barbacoa o la parrilla con aceite y disponga la fruta encima, con la piel debajo, y recuerde el trozo que ha puesto primero para usarlo como «elemento de prueba».

Cocine la fruta unos 5 minutos y entonces compruebe la cocción. Si ya aparecen las líneas negras, dele la vuelta a las frutas para que ahora sea la pulpa la que esté en contacto con la superficie caliente. Al cabo de 5 minutos, retírelas del fuego.

Disponga las hierbas silvestres sobre una fuente, ponga la fruta encima y rocíela con la crema de vinagre balsámico. Salpimiente la ensalada.

NOTA

Elija frutas firmes para que no se desintegren en la parrilla. Si lo desea, puede asar la fruta con antelación y tomarla fría el día siguiente.

LISTA DE LA COMPRA

2-4 de cada: nectarinas, melocotones y albaricoques

un aceite con un punto de humo elevado, como el aceite de aguacate

3 puñados grandes de hierbas silvestres o rúcula

crema de vinagre balsámico

sal marina y pimienta negra recién molida

ENSALADA DE FRUTOS DEL BOSQUE, HINOJO Y RÚCULA

Una ensalada veraniega perfecta como guarnición.

HÁGALA ASÍ...

Disponga la rúcula en un bol o fuente o tabla de cortar. Corte el hinojo en láminas finas (con una mandolina, si tiene una), y colóquelo sobre la rúcula.

Disponga los frutos del bosque sobre el hinojo. Rocíe la ensalada con la crema de vinagre balsámico y condiméntela con pimienta molida.

LISTA DE LA COMPRA

3 puñados de rúcula

1 bulbo de hinojo

3 puñados de frutos del bosque (en láminas si usa fresas)

crema de vinagre balsámico o vinagre balsámico

pimienta negra recién molida

4-6 RACIONES COMO GUARNICIÓN O CON HAMBURGUESAS, ROLLITOS, TACOS, PATATAS ASADAS

ENSALADA DE COL

¿Quién dice que los veganos no puedan disfrutar de la deliciosa y cremosa ensalada de col? Esta es fácil de preparar y tan rica que ha engañado incluso a mis familiares más carnívoros.

HÁGALA ASÍ...

Pique la col, luego pele y corte en juliana o ralle las zanahorias. Si utiliza manzana, pélela y rállela también. Mezcle todo en un bol con el aliño y las semillas. Incorpore el perejil, si lo usa, y salpimiente al gusto.

LISTA DE LA COMPRA

¼ de col lombarda, blanca o de Saboya

3 zanahorias grandes, peladas

1 manzana Granny Smith (opcional)

1 ración de Aliño cremoso de tahina (pág. 145) o 60 g de mayonesa vegana (pero ya sabe cuál creo que sabe mejor)

un buen puñado de semillas de calabaza, girasol o sésamo tostadas, o una mezcla de las tres

un puñadito de perejil de hoja plana (opcional), picado

sal marina y pimienta negra recién molida

SALSA MEXICANA

—

Tan sencilla y, sin embargo, tan deliciosa.

HÁGALA ASÍ...

Si utiliza maíz en lata, póngalo en un colador y deje que se escurra mientras prepara el resto de ingredientes. Si utiliza maíz fresco, lleve una olla de agua a ebullición, retire las cáscaras del maíz y corte las mazorcas por la mitad. Cuando hierva el agua, eche el maíz a la olla, cuézalo unos 3 minutos y luego sáquelo. Déjelo templar mientras prepara el resto de ingredientes.

Pique fina la cebolla y póngala en un cuenco mediano. Corte en dados los tomates y el pimiento y añádalos al cuenco, recogiendo todos los jugos y semillas del tomate. Pique el cilantro y añádalo junto con el maíz. Si utiliza mazorcas, desgránelas con un cuchillo. Exprima la lima y añada el zumo al cuenco con un poco de sal. Mézclelo todo con una cuchara o las manos.

Sírvala con triángulos de tortillas de maíz y guacamole o con mis Tacos de yaca (pág. 40) o Nachos rápidos (pág. 25).

NOTAS

Utilice los ingredientes como guía. Una cebolla grande también va bien en vez de una pequeña, y puede añadir más tomate o maíz del indicado. No recomiendo emplear cebolla blanca en lugar de morada, pero la cebolleta (cebolla tierna) funciona bien para la receta. Si no soporta el cilantro, prescinda de él y use perejil o albahaca en su lugar. Añada chile si le gusta.

LISTA DE LA COMPRA

1 lata o tarro de 220 g de maíz dulce o 2 mazorcas
1 cebolla morada pequeña, pelada
2-3 tomates
1 pimiento rojo mediano
un buen puñado de hojas de cilantro
1 lima
sal marina en copos, para decorar

CONVIÉRTALO EN PLATO ÚNICO

Añada un bote de alubias negras, unas hojas pequeñas de espinacas o rúcula y un aguacate troceado. Obtendrá 2 o 3 raciones.

MAÍZ CON SALSA

Tanto si es el plato estrella como si se sirve de guarnición, siempre triunfa.

HÁGALO ASÍ...

Prepare la Crema de anacardos y pique finos el cilantro, las cebolletas y el chile (si utiliza pimiento fresco). Yo lo hago en casa y lo paso a un recipiente para llevarlo al parque donde hacemos la barbacoa. Pero si va a cocer el maíz en casa, puede prepararlo todo mientras se cocina el maíz.

Encienda la barbacoa o caliente una parrilla. Pele el maíz, dejando la cáscara pero retirando los hilillos. Unte las mazorcas con aceite de aguacate y dispóngalas encima de la barbacoa o la parrilla. Cuando empiece a churruscarse por debajo (unos 5 minutos), dele la vuelta para que el siguiente cuarto empiece a cocerse. Continúe haciéndolo hasta que quede todo cocido.

Coloque el maíz cocido sobre una fuente. Vierta encima la Crema de anacardos, esparza el cilantro, la cebolleta y el chile picados, y condimente. Rocíe zumo de lima por encima. ¡A comer!

NOTAS

El aceite de aguacate posee el punto de humo más elevado de todos los aceites, razón por la cual lo utilizo al cocer a la parrilla. Si no dispone de él, la segunda mejor opción es el aceite de coco (delicioso con el maíz) o el aceite de oliva extra ligero. Si no está familiarizado con el concepto del punto de humo, en pocas palabras: cuando un aceite se calienta por encima de su punto de humo se descompone, y no solo resulta inefectivo como agente antiadherente, sino que se vuelve dañino para la salud.

La mayonesa vegana es una buena alternativa a la Crema de anacardos, al igual que la Mayonesa de chipotle (pág. 141).

LISTA DE LA COMPRA

Crema de anacardos (pág. 140)
un manojo de cilantro
2-4 cebolletas
chile fresco o seco, al gusto
8 mazorcas de maíz
aceite de aguacate
sal marina en copos
1-4 limas, en cuartos

KEBABS ARCO IRIS

——

Utilice las hortalizas que desee, incluidas patatas y boniatos si los hierve antes, pero si le apetece formar un arco iris sugiero los ingredientes de la lista. Si usa brochetas de madera, remójelas en agua antes de ensartar las verduras para evitar que ardan con el fuego de la barbacoa.

HÁGALOS ASÍ...

Combine los ingredientes para la marinada en un bol grande. Añada las hortalizas y remuévalas para que se impregnen bien. Deje reposar el bol media hora o toda la noche.

Precaliente la barbacoa o la parrilla.

Ensarte las verduras en 8 brochetas. Póngalas sobre la barbacoa o la parrilla 5 minutos o hasta que la parte inferior se churrasque, luego deles la vuelta y deje cocer el otro lado 5 minutos más o hasta que empiece a ennegrecer.

Sirva las brochetas solas o sobre un lecho de hojas verdes o cereales, sin salsa o rociados con crema de vinagre balsámico y granos de granada, con hummus o pesto o ambos.

LISTA DE LA COMPRA

Para la marinada:

30 ml de aceite de aguacate

30 ml de vinagre balsámico

½ cucharadita de salsa harissa

sal marina y pimienta negra recién molida

Para los kebabs:

8 tomates cherry

1-2 pimientos anaranjados, cortados en cuadrados de 2,5 cm

8 albaricoques u otra fruta con hueso, partidos por la mitad y deshuesados

1 o 2 calabacines grandes, cortados en trozos de 2,5 cm

1 cebolla morada grande, pelada y cortada en cuartos y luego cada cuarto por la mitad

8 champiñones marrones pequeños

8 rabanitos

Para servir (opcional):

verduras de hojas verdes o cereales, crema de vinagre balsámico, granos de granada, Hummus clásico (pág. 92), Pesto verde (pág. 136)

MUTABAL

El sabor ahumado y singular del mutabal se debe al proceso de churruscar las berenjenas. A mí me gusta triturar la pasta, pero se puede chafar con tenedor si se prefiere un resultado más rústico y con tropezones. De las dos formas está delicioso.

HÁGALO ASÍ...

Primero, churrusque la berenjena. Precaliente el horno a la temperatura más elevada. Pinche la berenjena varias veces con un tenedor, dispóngala sobre una bandeja de horno, colóquela en la posición elevada (o la segunda, si la berenjena es demasiado grande) y ásela 5-10 minutos, hasta que la piel ennegrezca y se queme. Dele la vuelta a la berenjena y repita el proceso. Si tiene la suerte de disponer de una cocina de gas o de barbacoa, puede poner la berenjena sobre la llama y darle la vuelta con las pinzas a medida que se vaya churruscando.

Mientras se templa la berenjena, prepare el resto de ingredientes. En realidad, hay poco que hacer, solo trocear el ajo y exprimir el limón.

Cuando la berenjena ya no esté caliente, ábrala y vacíela. Hay quien prefiere desechar las semillas, pero yo las utilizo porque me parece una lástima desperdiciarlas. Eche la pulpa en un bol o vaso de la batidora con el ajo, el zumo de limón, la tahina, el aceite de oliva, las semillas de comino, el pimentón y un poco de sal. A mí me gusta muy salado, y echo alrededor de 1 cucharadita de copos de sal marina. Si lo desea, pruebe antes con ½ cucharadita. Chafe o triture la mezcla hasta que obtenga una pasta.

Pase el mutabal a un cuenco para servir y decórelo con el perejil y los piñones tostados o almendras en láminas. Si no va a consumirlo enseguida, refrigérelo hasta el momento de tomarlo.

Sírvalo con Crackers con semillas, triángulos de tortilla de maíz, Falafel, pan blando o tostado. Con cualquier cosa que pueda mojarse en la salsa, de hecho.

LISTA DE LA COMPRA

1 berenjena grande o 2 medianas
2 dientes de ajo (opcional), pelados
½ limón
1 cucharada generosa de tahina
un chorrito de aceite de oliva
1 cucharadita de semillas de comino
½ cucharadita de pimentón dulce (opcional)
escamas de sal marina
un puñado de perejil de hoja plana, picado, para decorar
piñones tostados o almendras en láminas, para decorar

Para servir:
Crackers con semillas (pág. 94), triángulos de tortilla de maíz, Falafel (pág. 58) o pan

DUKKAH

—

El dukkah se sirve de manera tradicional con pan y aceite de oliva de
calidad. Se moja el pan en el aceite, luego en el dukkah y a la boca.
¡Delicioso! Nosotros añadimos dukkah a cualquier cosa: hortalizas asadas
o en puré, ensalada, aguacate con tostadas, puré de alubias blancas, lo
que se nos ocurra… a veces incluso lo tomamos directamente del tarro.

Precaliente el horno a 180 °C (gas potencia 4).

Extienda los frutos secos sobre una bandeja de horno y tuéstelos 10 minutos o hasta que se doren y suelten su aroma. Sáquelos del horno y déjelos templar en la bandeja (seguirán cociéndose un poco, de modo que si se oscurecen demasiado, retírelos de la bandeja).

Mientras los frutos secos se templan, ponga una sartén a fuego medio y tueste las semillas de sésamo, comino y cilantro 2-3 minutos hasta que suelten su aroma y las escuche crujir. Retírelas del fuego y páselas a un plato o fuente para interrumpir la cocción.

Cuando los frutos secos estén templados, échelos al procesador de alimentos y tritúrelos para trocearlos. Incorpore las semillas, la sal y el pimentón y tritúrelo más hasta que los frutos secos queden bien picados y todo esté mezclado y casi pulverizado. Muela la pimienta, añádala y tritúrela un momento para que se mezcle.

Sirva inmediatamente el dukkah o consérvelo en un tarro hermético limpio hasta que vaya a consumirlo.

NOTAS

Puede emplear frutos secos que ya estén tostados y salados, pero entonces reduzca la cantidad de sal que añada a la mezcla. También puede usar especias en polvo; entonces solo precisarán 1 minuto en la sartén con las semillas de sésamo.

PARA PELAR LAS AVELLANAS

Ponga las avellanas aún calientes sobre un trapo de cocina húmedo. Envuélvalas como si fueran un gran caramelo y haga rodar el paquete como si fuera un rodillo para que las pieles se suelten. O utilice un cepillo para frotar la parte superior del trapo de cocina y producir el mismo efecto. No se desprenderán todas, pero no pasa nada (aunque es mejor retirarlas al menos en parte para que el dukkah no sepa amargo).

LISTA DE LA COMPRA

175 g de frutos secos de su elección (yo uso almendras y avellanas; si usa avellanas, cómprelas sin piel o retire la piel siguiendo el método indicado)

30 g de semillas de sésamo

1 cucharada de semillas de comino

1 cucharada de semillas de cilantro

⅓ de cucharadita de sal marina

½ cucharadita de pimentón o copos de guindilla (opcional)

¼ de cucharadita de pimienta negra recién molida

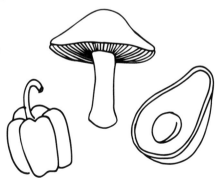

HUMMUS CLÁSICO

——

El clásico vegano delicioso y nutritivo de infinitas variaciones.

HÁGALO ASÍ...

Triture los ingredientes con unas gotas de agua hasta que queden bien mezclados. Siga triturando, añadiendo agua poco a poco, hasta obtener la consistencia deseada. Condimente el hummus al gusto.

Tómelo inmediatamente o consérvelo en un recipiente hermético en el frigorífico hasta 5 días. Para mí, sabe mejor al día siguiente, de modo que suelo prepararlo con antelación para un pícnic o una cena con amigos.

SABORES ALTERNATIVOS

Pruebe alguna de las siguientes sugerencias si desea cambiar el sabor de su hummus habitual o si tiene algunas verduras que deba usar ya:
— Remolacha: roja o amarilla, asada o hervida
— Calabaza: asada o hervida
— Cualquier tipo de hojas verdes: espinacas, kale, cilantro, perejil
— Aceitunas: 10-20 olivas negras sin hueso
— Boniato: asado o hervido
— Pimientos dulces: de cualquier color, asados o en vinagre
— Superalimentos en polvo: cúrcuma, espirulina (mezclada con agua)
— Tomates semisecos o secos
— Elabore el hummus con alubias blancas en lugar de garbanzos.
Las opciones son infinitas…

ES DELICIOSO CON...

No sé por dónde empezar a enumerar las maneras de disfrutar el hummus. Como aperitivo, con galletas saladas, en bocadillos, con patatas asadas o puré de patatas, con hamburguesas, con mis Falafel (pág. 58)…

LISTA DE LA COMPRA

250 g de garbanzos cocidos o en bote
2 dientes de ajo, pelados
1-2 cucharadas de tahina
zumo de ½ limón
un chorrito de aceite de oliva
1 cucharadita de comino en polvo
½ cucharadita de sal marina

En el sentido de las agujas del reloj desde arriba: de hojas verdes; de aceitunas, de remolacha, clásico, de calabaza

CRACKERS CON SEMILLAS

———

Esta receta me rondaba la cabeza una noche mientras me estaba quedando dormida. La probé al día siguiente, esperando tener que retocarla un poco, pero funcionó a la perfección tal cual y desde entonces es todo un clásico en nuestra casa.

HÁGALOS ASÍ...

Precaliente el horno a 180 °C (gas potencia 4).

Ponga todos los ingredientes en el procesador de alimentos con 5 cucharadas de agua y dele unas cuantas veces al botón. Rasque las paredes del recipiente y siga triturando y rascando hasta que todo quede bien troceado y obtenga una pasta algo pegajosa. Pase la pasta a una hoja de papel vegetal. Forme una bola y aplánela un poco con las manos.

Ponga otra hoja de papel vegetal sobre la mezcla y vaya pasando el rodillo o una botella de vino para aplanarla. Yo lo hago en una mesa y presiono los bordes del papel apoyándome sobre ellos para que no salga por los lados. Mueva el rodillo de un lado a otro y de arriba abajo hasta conseguir que la pasta quede extendida entre las láminas y ocupe dos terceras partes de su superficie. Los bordes se desmigarán un poco, pero no pasa nada: me gusta el carácter que esto aporta a las galletas.

Retire la lámina de papel superior y con un cuchillo grande y afilado o con un cortapizzas, corte las galletas del tamaño que desee, apretando más que cortando con el movimiento. Yo suelo cortarlas en cuadrados de 4 cm de lado. Espolvoree más sal marina o semillas si lo desea (encontrar luego escamas de sal es realmente deliciooooso).

Pase la hoja de papel vegetal con las galletas a una bandeja de horno y métala al horno 20-25 minutos. Rote la bandeja durante la cocción para evitar que las galletas del fondo se quemen.

Saque la bandeja del horno y deje templar las galletas. Luego retírelas con cuidado del papel y consérvelas en un recipiente hermético.

LISTA DE LA COMPRA

30 g de semillas de lino, y más para espolvorear

40 g de semillas de sésamo, y más para espolvorear

30 g de semillas de girasol, y más para espolvorear

40 g de semillas de amapola, y más para espolvorear

1 cucharada de aceite de oliva

½ cucharadita de sal marina, y más para espolvorear

1 cucharadita de semillas de comino

VARIACIONES

....

Lo bueno de esta receta es que se pueden utilizar las semillas que se tengan
a mano. Las de cáñamo y calabaza funcionan a la perfección, al igual que
las almendras en láminas. Pero no escatime las semillas de lino, ya que son el
elemento aglutinador de esta mezcla. Sin ellas, la pasta no quedará compacta,
a menos que se sustituyan por semillas de chía o cáscara de zaragatona.

— Añada semillas de cilantro en lugar de semillas de comino.
— Añada chipotle o copos de guindilla si le gusta un toque picante.
— Omita el comino y la cucharada de agua y use algas en copos y salsa
  tamari para darles un toque asiático.
— Los aceites de aguacate, sésamo, nueces y coco son deliciosas alternativas
  al de oliva.

ACERCA DE LAS SEMILLAS DE LINO

....

Compre semillas de lino enteras, no molidas, ya que estas últimas pueden
ponerse rancias y arruinar la receta.

YUCA «FRITA»

Si es una de esas personas que disfrutan hurgando en las patatas fritas para encontrar los trocitos más tostados, entonces le encantará la yuca frita. Después de hervirla, empieza a romperse, lo cual significa que el máximo de superficie quedará crujiente. Son la guarnición perfecta para las Burgers de alubias negras (pág. 54).

HÁGALA ASÍ...

Precaliente el horno a 180 °C (gas potencia 4).

Corte la yuca por el medio y póngala sobre la tabla de cortar con la parte plana hacia abajo para pelar con cuidado la dura piel con movimientos hacia abajo (sujétela desde arriba para protegerse los dedos).

Una vez pelada, corte la yuca como si fueran patatas para freír y póngala en una olla con agua con el azúcar y 1 cucharadita de la sal. Llévela a ebullición y cocínela suavemente 10 minutos hasta que pueda empezar a pincharla con un tenedor.

Escurra el agua y añada el aceite de aguacate y el resto de la sal a la olla. Tápela y sacúdala para que toda la yuca se impregne de ellos.

Extienda la yuca en una sola capa sobre una o dos bandejas de horno y ásela 10-15 minutos. Sáquela, dele la vuelta y ásela 10-15 minutos más o hasta que se dore.

Espolvoree perejil por encima y sírvala.

NOTA

Este método también resulta fantástico para preparar patatas «fritas».

LISTA DE LA COMPRA

2 yucas (mandioca) grandes, peladas

4 cucharadas de azúcar integral (demerara)

2 cucharaditas de sal marina

aceite de aguacate o de oliva

2 cucharadas de perejil seco

PURÉ DE PATATAS MASALA

Esta receta de patatas es tan apetitosa que a menudo la sirvo como plato único. Si le encantan las patatas, también resulta una alternativa riquísima al arroz de los curris indios.

HÁGALO ASÍ...

Cepille las patatas para limpiarlas, pero no las pele, y luego córtelas en trozos de 2,5 cm. Póngalas en una olla grande llena de agua a fuego fuerte. Llévela a ebullición y luego baje el fuego a media potencia y cuézalas hasta poder pincharlas fácilmente con un tenedor: unos 20 minutos.

Escurra las patatas, enjuague y seque la olla y vuelva a ponerla al fuego.

Derrita el aceite de coco en la olla, luego añada las especias y remuévalas 2 minutos o hasta que suelten su aroma. Retírelas del fuego y vuelva a echar las patatas a la olla con un chorrito de leche; luego cháfelas. Añada más leche poco a poco, hasta conseguir la consistencia deseada.

Incorpore la sal y la pimienta al gusto, sirva el puré en los platos y eche por encima un delicioso curri caliente.

NOTA

Si quiere un puré normal, ¡simplemente no añada las especias!

LISTA DE LA COMPRA

500 g de patatas grandes
2 cucharadas de aceite de coco
1 cucharadita de semillas de comino
1 cucharadita de semillas de cilantro
una pizca de asafétida
leche vegetal (de coco, almendras, arroz o anacardos funcionan bien)
sal marina y pimienta negra recién molida

Para servir:
Curri de espinacas y garbanzos (pág. 44)
o Curri verde tailandés (pág. 47)
(opcional)

DULCES

—

PASTEL «¡QUÉ BUENO!»

———

Esta es una receta de mi madre que yo he veganizado. La he rebautizado Pastel «¡qué bueno!» porque esto es lo que la gente dice cuando le hincan el diente. Si no dispone de un procesador de alimentos, puede utilizar frutos secos ya molidos.

HÁGALO ASÍ...

....

Precaliente el horno a 180 °C (gas potencia 4).

Para hacer el caramelo, ponga la leche de coco en un cazo pequeño. Añada los dátiles y lleve a ebullición; luego hierva suavemente, removiendo de vez en cuando para que los dátiles se deshagan. Cuando el caramelo esté espeso y suave, retire del fuego, añada la sal y reserve.

Para preparar el pastel, mezcle las semillas de lino o chía con 120 ml de agua y resérvelas. Ponga el resto de ingredientes, excepto el aceite de coco, en el procesador de alimentos. Tritúrelos hasta que los frutos secos queden someramente troceados. Ahora añada las semillas de lino o chía y el aceite de coco y triture todo hasta que quede bien mezclado.

Disponga dos tercios de la mezcla en un molde metálico desmontable forrado y luego presione. Alise la superficie con el dorso de una cuchara humedecida. Vierta el caramelo salado sobre la mezcla, ayudándose de una espátula de goma. Espolvoree el resto de la mezcla sobre el caramelo. Corónelo con un puñado de frutos secos mal troceados.

Hornee 30 minutos y deje templar en el molde otros 30 minutos antes de servir con nata de coco o Helado de plátano.

VARIACIONES

Utilice cáscara de zaragatona en lugar de semillas de lino o chía. Añádala a los ingredientes secos y luego agregue el agua con el aceite de coco. No la mezcle con agua y deje que se espese, ya que lo hará en exceso. Para que la receta sea sin gluten, utilice avena sin gluten o copos de arroz.

LISTA DE LA COMPRA

———

Para el caramelo salado:
lata de 400 ml de leche de coco
10 dátiles Medjool, sin hueso y picados
una pizca de sal marina

Para el pastel:
2 cucharadas de semillas de lino
o de chía molidas

140 g de almendras, avellanas o nueces,
o una mezcla de las tres, más un puñado
adicional, troceadas someramente, para
el toque final

40 g de semillas de sésamo (opcional)

150 g de copos de avena (gachas)
o copos de arroz

90 g de coco deshidratado

110 g de azúcar integral (demerara)

3 cucharadas de harina blanca o harina
de alforfón

1 cucharadita de levadura en polvo

1 cucharadita de bicarbonato

2 cucharaditas de canela en polvo

1 cucharadita de vainilla en polvo
o extracto de vainilla

una pizca de sal marina

100 ml de aceite de coco, derretido

Para servir:
nata de coco o Helado de plátano
(pág. 116)

COOKIES DE CHOCOLATE

—

Mi madre me enseñó que las galletas están listas cuando puedes olerlas, ya que seguirán cociéndose en la bandeja una vez se sacan del horno. A mí me gusta dejarlas unos minutos más desde el momento en que percibo el olor. Crujientes por fuera y blanditas por dentro, estas cookies le gustan a todo el mundo.

HÁGALAS ASÍ...

Precaliente el horno a 180 °C (gas potencia 4) y disponga una hoja de papel vegetal sobre una bandeja de horno.

Ponga los ingredientes húmedos en un cuenco pequeño y remuévalos para mezclarlos. Mezcle los ingredientes secos, excepto los frutos secos y el chocolate, en un cuenco grande.

Vierta la mezcla húmeda en la seca y remueva la combinación con una cuchara cómoda. Agregue los frutos secos y el chocolate y remueva todo un poco más.

Disponga porciones de la masa del tamaño de una cucharada sobre la bandeja preparada, dejando tanto espacio entre ellas como sea posible. No las aplane. Se dispersarán un poco, pero deberían caber 10-20 en la bandeja sin que se unan en una cookie gigante.

Hornee 25 minutos o hasta que se doren un poco. Déjelas templar en la bandeja unos minutos antes de pasarlas a la rejilla para que se enfríen del todo.

VARIACIONES

También puede hacer unas 20 galletitas si lo desea. Pero vigile (con los ojos y la nariz) para que no se quemen: 20 minutos de cocción seguramente bastarán. Y si quiere ir más allá, únalas de dos en dos con mantequilla de frutos secos o Helado de plátano (pág. 116). De muerte.

LISTA DE LA COMPRA

Los ingredientes húmedos:
175 g de azúcar integral (demerara)
125 ml de aceite de coco, derretido
125 ml de leche vegetal

Los ingredientes secos:
275 g de harina
2 cucharaditas de levadura en polvo
½ cucharadita de sal marina
1 cucharadita de canela en polvo
½ cucharadita de cayena (opcional)
1 cucharadita de vainilla Bourbon en polvo
un buen puñado de avellanas, almendras, cacahuetes o pasas
200 g de pepitas de chocolate veganas o chocolate vegano troceado someramente

TORTITAS DE ALFORFÓN

—

En Nueva Zelanda llamamos a estas tortitas «pikelets».

HÁGALAS ASÍ...

Ponga una sartén a fuego medio.

Disponga todos los ingredientes en un bol y luego incorpore la leche (reserve el aceite de coco). La mezcla espesará al cabo de un par de minutos por efecto de la magia de la cáscara de zaragatona. Si se espesa demasiado, añada un poco más de leche o agua y remuévala.

Derrita un poco de aceite de coco en la sartén y vierta una cucharada de masa para cada tortita. Yo las frío de tres en tres, así me queda espacio para darles la vuelta. Cuando se empiecen a formar burbujitas y a explotar, deles la vuelta a las tortitas con la ayuda de una espátula.

Cocínelas por el otro lado 2-3 minutos hasta que se doren. Sabrá que están listas cuando dejen de subir y los bordes ya no parezcan húmedos.

Retire las tortitas de la sartén con la espátula de metal y dispóngalas en una bandeja. Repita el proceso hasta que no le quede más masa. Sírvalas añadiendo encima los ingredientes que le apetezcan.

NOTA

Las tortitas son muy absorbentes, de modo que utilizará bastante aceite de coco. Pero no se alarme, ¡el aceite de coco es bueno para la salud!

LISTA DE LA COMPRA

130 g de harina de alforfón
1 cucharada de cáscara de zaragatona
2 cucharadas de azúcar integral (demerara)
1 cucharadita de levadura en polvo
una pizca de sal marina
1-2 cucharaditas de canela en polvo
250 ml de leche vegetal de su elección
aceite de coco, para freír

Para acompañar (opcional):
jarabe de arce o de dátiles, plátano, frutos del bosque, fruta cocida, coco, frutos secos

En el sentido de las agujas del reloj, desde arriba izquierda: Brownie de alubias negras; Tarta de pera y caramelo; Tartaletas de frutos del bosque y limón; Pastel de té matcha; Pastel «¡qué bueno!»; Bizcocho de plátano; Cookies de chocolate; Bizcocho de limón y semillas de amapola; Pastel de chocolate y punto

PASTEL DE TÉ MATCHA

—

En palabras de mi mejor amigo, ¡esto es la mejor comida porno vegana! Si ha conservado los dátiles en el frigorífico, es posible que estén un poco secos. Añada una cucharadita de agua para solucionarlo.

HÁGALO ASÍ...

Remoje los anacardos en agua durante al menos 4 horas y luego escúrralos, o bien hiérvalos 15 minutos.

Precaliente el horno a 180 °C (gas potencia 4).

Para elaborar la base, ponga el coco y el sésamo en una bandeja de horno y tuéstelos 10 minutos, sacudiendo la bandeja al cabo de 5 minutos.

Triture los dátiles, el coco, el sésamo y la sal en un procesador de alimentos hasta que los dátiles queden picados y pueda pellizcar la masa con los dedos. Extienda la masa en el fondo de un molde y presiónela con los dedos.

Limpie el procesador de alimentos y ponga en él todos los ingredientes para el relleno, sin olvidar los anacardos, y tritúrelos hasta obtener una pasta suave. Pruébela. Añada más jarabe de arce si lo prefiere más dulce.

Vierta el relleno en el molde, sobre la base, y luego métalo en el congelador. Déjelo reposar allí unas horas o toda la noche. Si lo mantiene toda la noche, sáquelo del congelador 30 minutos antes de servirlo.

Decore el pastel con ingredientes a su gusto y córtelo con un cuchillo caliente, limpiándolo entre corte y corte.

Después de descongelarse, el pastel conservará el sabor y la forma en el frigorífico hasta 4-5 días.

VARIACIONES

Se pueden hacer pastelitos individuales con esta receta. Presione la base en moldes para magdalenas forrados con papel film transparente, como para las Tartaletas de frutos del bosque y limón de la página 123.

LISTA DE LA COMPRA

225 g de anacardos

Para la base:

60 g de coco deshidratado

100 g de semillas de sésamo

10 dátiles Medjool, sin hueso

¼ de cucharadita de sal marina

Para el relleno:

200 ml de leche de coco

4 cucharadas de jarabe de arce

2 cucharaditas de vainilla en polvo o extracto de vainilla

½ cucharadita de sal marina

1 cucharada de hojas de té verde molidas (matcha)

un puñado de hojas de menta, troceadas (opcional)

Para decorar (opcional):

pétalos de flores comestibles de su elección, mantequilla de cacahuete, hilillos de chocolate, pistachos

CEREALES CON MANTEQUILLA DE CACAHUETE Y CHOCOLATE

En Croacia, un inocente bol de granola con chocolate condujo a una obsesión con los cereales con chocolate para el desayuno. Este es mi intento de una versión saludable.

HÁGALOS ASÍ...

Precaliente el horno a 180 °C (gas potencia 4).

Derrita el aceite de coco, la mantequilla de cacahuete y el jarabe de arce en una olla mediana. Añada los copos de avena, los frutos secos, las semillas de sésamo y las puntillas de cacao y remueva para que todo se impregne bien.

Extienda la mezcla sobre una bandeja de horno y hornéela 15 minutos.

Mientras, retire los huesos de los dátiles y píquelos finos. Resulta útil disponer de un trapo húmedo a mano para limpiarse los dedos y el cuchillo pegajosos de vez en cuando.

Agregue los dátiles y el coco a la mezcla, remueva todo y hornéelo otros 5 minutos, vigilando que el coco no se queme. Deje templar los cereales en la bandeja y luego consérvelos en un recipiente hermético. Manténgalos a temperatura ambiente 1-2 semanas.

Cuando vaya a consumirlos, sírvalos con leche vegetal y una fruta fresca cualquiera.

LISTA DE LA COMPRA

4 cucharadas de aceite de coco

4 cucharadas de mantequilla de cacahuete suave o con tropezones

4 cucharadas de jarabe de arce

200 g de copos de avena

150 g de frutos secos de su elección, troceados (avellanas, pacanas, almendras y nueces son buenas opciones)

80 g de semillas de sésamo

60 g de puntillas de cacao

10 dátiles Medjool

30 g de coco en láminas

Para servir:
leche vegetal y fruta fresca de su elección

PASTEL DE CHOCOLATE Y PUNTO

——

Esta receta es la adaptación del Pastel de chocolate sin más, del blog de Isa Chandra, *Post Punk Kitchen* (theppk.com). Porque a veces uno solo quiere tomar pastel con todo el azúcar y todo el gluten.

HÁGALO ASÍ...

Precaliente el horno a 180 °C (gas potencia 4).

Mezcle la leche de coco con el vinagre de sidra en un cuenco grande y deje que cuaje un momento mientras forra el molde del pastel con papel vegetal.

Añada el azúcar, el aceite de coco, el extracto de vainilla y de almendra a la leche y remueva todo. Mezcle los ingredientes secos en un cuenco pequeño (aunque yo lo hago en la taza medidora). Agréguelos a los ingredientes húmedos, removiendo el resultado mientras lo hace, y luego siga batiendo la mezcla hasta que quede suave y bien combinada.

Vierta la mezcla en el molde, ayudándose de una espátula. Sacuda un poco el molde para que la superficie del pastel quede homogénea. Hornéela 35-40 minutos y luego compruebe la cocción con un palillo. Si sale limpio, saque el pastel del horno. Desmolde el pastel y déjelo templar.

Vierta chocolate derretido por encima, espolvoree las frambuesas y sirva el pastel con nata de coco líquida. Sentirá un orgasmo bucal.

VARIACIONES

....

Si no encuentra frambuesas deshidratadas, utilice pistachos, granos de granada u otro ingrediente colorido. Puede preparar el pastel sin gluten con la mitad de harina de alforfón y la mitad de arroz, y luego unas cuantas cucharadas más de harina de alforfón o de coco para espesarlo.

LISTA DE LA COMPRA

....

Para los ingredientes húmedos:
250 ml de leche de coco (o su leche vegetal preferida)
1 cucharadita de vinagre de sidra
175 g de azúcar integral (demerara)
75 ml de aceite de coco, derretido
1 cucharadita de extracto de vainilla
½ cucharadita de extracto de almendra (o 1 cucharadita si le encanta)

Para los ingredientes secos:
125 g de harina
60 g de cacao en polvo
¾ de cucharadita de bicarbonato
½ cucharadita de levadura en polvo
½ cucharadita de sal marina

Para decorar:
200 g de chocolate negro vegano, troceado y derretido
un puñado de frambuesas congeladas deshidratadas
leche de coco, para servir

CRUMBLE DE RUIBARBO Y FRUTOS DEL BOSQUE

Con esta receta, sale bastante cantidad para la capa crujiente, porque soy así de glotona. Si prefiere más fruta a la parte crujiente, utilice la mitad de los ingredientes de esta última.

HÁGALO ASÍ...

Precaliente el horno a 180 °C (gas potencia 4).

Trocee el ruibarbo y póngalo en una fuente para horno con los frutos del bosque (si son fresas, trocéelas). Espolvoree azúcar por encima y meta la fuente en el horno mientras prepara la capa superior.

Combine todos los ingredientes para la capa crujiente en un cuenco, y amase el jarabe y el aceite de coco con los dedos.

Saque la fuente del horno, remueva el contenido con una cuchara y luego esparza por encima el crujiente. Vuelva a meter la fuente en el horno y hornéelo 45 minutos.

Deje templar el crumble 10 minutos antes de servirlo, y acompáñelo con Helado de plátano (pág. 116) o Nata de coco montada (pág. 128).

VARIACIONES

Si desea una receta sin gluten, utilice avena sin gluten. Si no dispone de aceite de coco, puede usar margarina vegana o incluso aceite de oliva. Las nueces funcionan en lugar de las almendras, el jengibre en vez de la canela y, por descontado, puede utilizar diferentes tipos de fruta según la temporada.

LISTA DE LA COMPRA

Para la capa de fruta:
300 g de ruibarbo
300 g de frutos del bosque
1 cucharada de azúcar integral (demerara)

Para la capa de crujiente:
100 g de copos de avena
80 g de almendras en láminas
40 g de coco deshidratado
3 cucharadas de aceite de coco
3 cucharadas de jarabe endulzante, como jarabe de dátiles, de arce, de azúcar invertido o de malta de arroz
1 cucharadita de vainilla en polvo o extracto de vainilla
1 cucharadita de canela en polvo
½ cucharadita de sal marina

HELADO DE PLÁTANO

El secreto de un buen helado de plátano —o de cualquier postre con plátano, de hecho— es que los plátanos sean maduros y moteados. Al envejecer, los plátanos se vuelven más dulces y la textura es más esponjosa, lo cual crea una base de helado dulce y cremosa que puede aromatizarse con toda una gama de sabores. ¡Es facilísimo y siempre deja a la gente alucinada!

HÁGALO ASÍ...

Prepare los plátanos la noche anterior o con dos días de antelación: pélelos y trocéelos, luego métalos en una bolsa para congelar alimentos y congélelos.

Saque los plátanos del congelador y deje que se descongelen unos 10 minutos para que los trozos no estén duros como piedras.

Póngalos en el procesador de alimentos y tritúrelos hasta obtener una pasta homogénea y cremosa. Primero tendrán una textura similar a la de las migas pero, al seguir triturando, será cada vez más cremosa.

Añada los ingredientes adicionales que desee y tritúrelos para mezclarlo todo, luego sírvalos o mantenga en el congelador hasta el momento de servir.

CONSEJO

Cuando sea tan adicto a este helado como yo, siempre tendrá plátanos madurando para disponer de algunos a punto para convertirse en helado en el congelador.

LISTA DE LA COMPRA

2 plátanos moteados

Ingredientes adicionales:
1 cucharadita de canela en polvo
2 cucharadas de mantequilla de cacahuete
1-2 cucharadas de pepitas de chocolate vegano
1 cucharada de jarabe de arce
2 cucharadas de fresas deshidratadas
cualquier otra mantequilla de frutos secos, endulzante o fruta, al gusto

BIZCOCHO DE PLÁTANO

—

El bizcocho de plátano está presente en mi vida desde siempre, y es una de las primeras recetas que transformé en veganas. Es la manera ideal de utilizar los plátanos cuando se pasan un poco.

HÁGALO ASÍ...

Precaliente el horno a 180 °C (gas potencia 4).

Pele los plátanos y cháfelos en un cuenco grande. Añada el resto de ingredientes, de uno en uno, en el orden de la lista, removiendo bien entre cada una de sus adiciones. Cuando les toque a los frutos secos, las pepitas de chocolate o el coco, agregue solo un poco más de la mitad a la masa.

Vierta la masa en un molde cuadrado metálico o unos cuantos pequeños. Yo utilizo un molde de 23 × 10 cm o de 28 × 10 cm. En ambos sale bien, pero tal vez necesite un poco más de tiempo de cocción en el pequeño. También uso un molde redondo de 20 cm si lo hago en casa de un amigo que no disponga de un molde rectangular. Acabe el bizcocho poniendo encima el resto de frutos secos, pepitas de chocolate o coco.

Hornee 1 hora o hasta que, al introducir un palillo, este salga limpio. Si hace magdalenas o bizcochitos pequeños, precisarán 30-40 minutos de cocción.

NOTA

Mis frutos secos preferidos son las nueces o las pacanas, pero puede usar los que tenga a mano. Puede incluso combinar sabores: por ejemplo, cacahuetes y pepitas de chocolate.

LISTA DE LA COMPRA

4 plátanos maduros y moteados

75 ml de aceite de coco, derretido

1 ¼ cucharaditas de bicarbonato

175 g de azúcar integral (demerara)

185 g de harina

una pizca de sal marina

1 cucharadita de vainilla en polvo o extracto de vainilla (opcional)

2 puñados grandes de frutos secos troceados, pepitas de chocolate vegano o coco deshidratado

BOCADO «EL REY»

Esta es una versión vegana del icónico bocadillo Elvis de beicon, plátano y mantequilla de cacahuete.

HÁGALO ASÍ...

....

Ponga una sartén a fuego medio, derrita un poco de aceite de coco y disponga encima las dos rebanadas de bizcocho de plátano. Cuando se doren, deles la vuelta y tuéstelas por el otro lado (puede añadir más aceite de coco antes de hacerlo si lo desea).

Unte una de las rebanadas con mantequilla de cacahuete, ponga el beicon de coco encima y tape el bocado con la segunda rebanada. ¡Córtelo por la mitad y a comer!

NOTAS

....

Puede utilizar una tostadora o plancha para sándwich para tostar el bizcocho de plátano, pero vigile al poner un bizcocho húmedo en la tostadora porque puede romperse y desmigarse al intentar sacarlo, y todos odiamos perder cosas en la tostadora, ¿verdad? Si desea un bocado más goloso, añádale plátano fresco o chocolate vegano derretido.

LISTA DE LA COMPRA

....

aceite de coco
2 rebanadas de Bizcocho de plátano
(pág. 117)
mantequilla de cacahuete
un puñado de Beicon de coco (pág. 147)

POSTRE DE CHÍA Y VAINILLA

———

Este es un clásico vegano delicioso, infinitamente versátil y muy sencillo que además resulta ser muy muy saludable.

HÁGALO ASÍ...

Mezcle los ingredientes para el postre básico de chía en un tarro de 500 ml. Enrosque la tapa y agítelo para combinarlos todos bien. Vuelva a agitarlo al cabo de 10 minutos para que no se formen grumos en el fondo (si los hay, deshágalos con un tenedor). Guárdelo en el frigorífico toda la noche o durante al menos una hora.

Disfrute del postre tal cual o con cualquier combinación de fruta y frutos secos. Si añade cacao en polvo, disuélvalo antes en un poco de agua caliente y luego agréguelo a la leche antes de mezclarla con las semillas de chía. Hay a quien le gusta añadir chocolate o mantequilla de cacahuete, pero yo prefiero el postre sencillo.

Se conserva en el frigorífico hasta una semana.

CONSEJO

Si no dispone de un tarro con tapa, puede utilizar un bol y un tenedor, pero asegúrese de que la mezcla quede muy bien removida para evitar la formación de grumos.

LISTA DE LA COMPRA

Para el postre básico de chía:
2 cucharadas de semillas de chía
200 ml de leche vegetal de su elección (de coco, almendras, arroz, avena, soja, cáñamo o una mezcla)
1 cucharada de jarabe de arce
una pizca de sal marina
un poco de extracto natural de vainilla

Extras opcionales:
fruta, frutos secos, cacao en polvo

TARTALETAS DE FRUTOS DEL BOSQUE Y LIMÓN

Una crema ácida de limón en un vasito dulce con sabor a frutos secos y frutos frescos del bosque por encima. Estas tartaletas son perfectas como un capricho matutino, vespertino o nocturno en los días calurosos del verano.

HÁGALAS ASÍ...

Remoje los anacardos toda la noche o hiérvalos en agua 15 minutos para que se ablanden. Enjuáguelos y escúrralos. Forre una bandeja para 6 magdalenas o 6 flaneras con cuadrados individuales de papel film.

Deshuese los dátiles y póngalos en el procesador de alimentos con los frutos secos. Tritúrelo todo para trocearlo. Añada la canela y la sal, y triture hasta que la mezcla se convierta en una pasta moldeable con los dedos.

Retire la pasta del procesador de alimentos y divídala en 6 porciones. Presione las porciones en los moldes preparados, haciendo que suban un poco por las paredes para formar vasitos.

Lave y seque el procesador de alimentos. Ponga los anacardos ablandados, el zumo y la raspadura de limón, el jarabe de arce y la vainilla en el procesador de alimentos y mézclelos hasta obtener una crema suave.

Vierta el relleno en las bases, con una espátula de goma para rascar todo el contenido. Disponga los frutos del bosque encima, presionándolos un poco para que no se muevan de lugar.

Puede comer las tartaletas enseguida, pero yo prefiero meterlas en el congelador un par de horas para que cuajen. Déjelas en el congelador toda la noche si lo desea, aunque luego deberá sacarlas con tiempo para que se descongelen antes de poder comérselas. Si las conserva en el congelador más tiempo, retírelas de los moldes y guárdelas en un recipiente hermético cuando ya se hayan endurecido.

LISTA DE LA COMPRA

155 g de anacardos

Para las bases:
5-7 dátiles Medjool
80 g de almendras
60 g de nueces
½ cucharadita de canela en polvo
una pizca de sal marina

Para el relleno:
raspadura y zumo de 2 limones
2 ½ cucharadas de jarabe de arce
½ cucharadita de vainilla en polvo o extracto de vainilla
un par de puñados de sus frutos del bosque preferidos, para decorar

BROWNIE DE ALUBIAS NEGRAS

Al estudiar la lista de ingredientes, se observa que esta receta es prácticamente tan sana como un batido a base de plátano, dátiles y cacao, y además se le añade un bote de alubias negras. Si le sumamos el hecho de que solo vamos a tomar uno o dos cuadraditos, ¡ejem!, está claro que no hay que sentirse culpable por tomar estos brownies para desayunar, almorzar, cenar, como postre o como un clásico tentempié.

HÁGALO ASÍ...

Precaliente el horno a 180 °C (gas potencia 4) y forre una bandeja para brownies (o fuente para el horno) con papel vegetal.

Ponga todos los ingredientes, excepto los frutos secos, en el procesador de alimentos y tritúrelos hasta obtener una pasta, rascando las paredes si es necesario. Trocee de manera somera los frutos secos, añádalos al procesador de alimentos y tritúrelos brevemente (la idea es que queden tropezones).

Vierta la pasta en la bandeja preparada, rebañando toda la que quede bajo la hoja del procesador. Con el dorso de una cuchara, allane la pasta, ¡y luego limpie la cuchara con la lengua! Espolvoree pistachos troceados por encima, si los usa, y la sal en escamas.

Hornee los brownies 30 minutos. Déjelos templar antes de cortarlos y comérselos (si es capaz). Para obtener un aspecto más vistoso, espolvoree unos pétalos de flores comestibles por encima.

LISTA DE LA COMPRA

3 plátanos moteados, pelados
1 bote de 250 g de alubias negras cocidas
6 dátiles Medjool, sin hueso
125 g de cacao en polvo
60 g de harina de alforfón
2 cucharaditas de levadura en polvo
50 ml de aceite de coco o de oliva
50 ml de leche vegetal, agua, zumo de naranja o café expreso
1 cucharadita de extracto de vainilla natural
½ cucharadita de sal
un buen puñado de pacanas, nueces o pepitas de chocolate vegano

Para el toque final:
pistachos u otros frutos secos troceados (opcional)
sal marina en escamas, para decorar
pétalos de flores comestibles de su elección, para decorar (opcional)

TARTA DE PERA Y CARAMELO

Las peras y el caramelo combinan a la perfección. La tarta se puede servir caliente o fría.

HÁGALA ASÍ...

Precaliente el horno a 180 °C (gas potencia 4).

Para el caramelo, ponga la leche de coco en un cazo pequeño. Añada los dátiles troceados y llévela a ebullición, luego deje que hierva suavemente, removiéndola de vez en cuando para que los dátiles se deshagan. Cuando el caramelo esté espeso y suave, retírelo del fuego, añada la sal y la vainilla (si la usa) y resérvelo.

Para preparar la masa, ponga la harina, el aceite de coco, el jarabe de arce y la canela (si la usa) en un cuenco y mézclela con un tenedor hasta que los ingredientes queden combinados pero la masa conserve textura de migas.

Añada 50-100 ml de agua, de cucharada en cucharada, removiendo cada vez, hasta que la mezcla se ligue. Amásela un poco, forme una bola en el cuenco y luego pásela a una superficie enharinada.

Presione la bola con los dedos hasta formar una lámina circular. Dele la vuelta y pase el rodillo enharinado por encima, luego siga dándole la vuelta y pasando el rodillo, enharinándola un poco cada vez, hasta que tenga el tamaño adecuado para ajustarse al molde y subir un poco por los lados. Si tiene dificultades para realizar este proceso, deje que la masa repose un poco. Recójala con cuidado y pásela al molde desmontable o tartera, de 23 cm de diámetro.

Ponga el caramelo preparado sobre la masa. Disponga las peras marcadas encima y presione un poco para que encajen en el caramelo. Espolvoree las nueces troceadas por encima del caramelo. Hornee 40 minutos hasta que se dore. Deje templar la tarta al menos 10 minutos antes de servirla con Nata de coco montada.

LISTA DE LA COMPRA

Para el caramelo:
lata de 400 ml de leche de coco
10 dátiles Medjool, sin hueso y picados
una pizca de sal, y más si es necesario
1 cucharadita de vainilla en polvo (opcional)

Para la masa:
185 g de harina, y más para amasar
50 ml de aceite de coco, derretido
50 ml de jarabe de arce
1 cucharadita de canela en polvo (opcional)

Para el relleno:
3 peras, peladas, cortadas a lo largo por la mitad y marcadas con un cuchillo por la parte exterior cada 2 milímetros, procurando no cortarlas del todo (la intención es crear un bonito diseño como en la fotografía)
un puñado de nueces, troceadas
Nata de coco montada (pág. 128)

NATA DE COCO MONTADA

——

Para cuando necesite algo cremoso para acompañar un pastel u otro dulce. Esta nata resulta deliciosa con fruta fresca, chocolate y frutos del bosque. Se puede incluso tomar sola con unas semillas por encima, ¡ñam, ñam!

HÁGALA ASÍ...

Con una cuchara, pase cuidadosamente a un bol la crema solidificada de la lata. Reserve el líquido restante para usarlo en sus batidos.

Con una batidora eléctrica o a mano, bata la crema hasta que espese, luego añada el endulzante y la vainilla, si los usa), y bata más hasta que queden todo bien combinado.

Tómela enseguida o guárdela en el frigorífico hasta su consumo. Se conserva en el frigorífico 1-2 días.

NOTAS

La marca de leche de coco que utilizo da muy buen resultado cada vez que preparo esta nata; no obstante, he leído que algunas marcas de leche de coco no funcionan tan bien, y que otras a veces van bien y a veces no. Nunca he tenido este problema pero vale la pena comentarlo, por si se pregunta qué ha hecho mal para que la receta no le salga. No es usted, es el coco. El lugar de cultivo y la edad al convertirlo en leche de coco parecen desempeñar un papel en su capacidad para colaborar.

Si no dispone de batidora eléctrica ni de mano, la leche de coco tal cual, líquida y sin batir, es también una rica alternativa a la nata.

LISTA DE LA COMPRA

2 latas de leche de coco de 400 ml, refrigeradas toda la noche, o crema de coco

1 cucharada de néctar de coco o jarabe de arce (opcional)

1 cucharadita de extracto de vainilla o canela (opcional)

BIZCOCHO DE LIMÓN Y SEMILLAS DE AMAPOLA

——

Otro de los favoritos de mi infancia, veganizado.

HÁGALO ASÍ...

Precaliente el horno a 180 °C (gas potencia 4).

Ralle fina la piel de los limones para obtener la raspadura y luego exprímalos. Ponga la raspadura, el azúcar, la levadura, el bicarbonato, la vainilla, la sal y 3 cucharadas de las semillas de amapola en un cuenco grande y remueva todo con un tenedor para mezclarlo.

Calcule la cantidad de zumo de limón con una jarrita medidora. Debería tener 100-150 ml. Añada suficiente leche de coco para alcanzar los 350 ml de líquido. Incorpore el aceite de coco a la jarrita. Ahora debería disponer de 400 ml de líquido.

Vierta el líquido en un cuenco grande con el resto de ingredientes y bátalos para combinarlos. La mezcla de bicarbonato con zumo de cítrico aportará una espuma que otorga al bizcocho su esponjosidad. Agregue la harina al cuenco y bata la masa hasta que quede suave.

Vierta la masa en un molde de 28 cm forrado con papel vegetal y espolvoree el resto de semillas de amapola por encima.

Hornee el bizcocho 45 minutos o hasta que, al insertar un palillo, este salga limpio.

VARIACIONES

Puede utilizar cualquier tipo de cítrico en lugar de limones, como 2 naranjas o 4 limas, o una mezcla de los tres.

LISTA DE LA COMPRA

3 limones ecológicos (utilizará la raspadura, por eso es mejor que sean orgánicos si es posible)

175 g de azúcar integral (demerara)

1 cucharadita de levadura en polvo

1 cucharadita de bicarbonato

1 cucharadita de vainilla en polvo o extracto natural de vainilla

½ cucharadita de sal marina

6 cucharadas de semillas de amapola

250 ml de leche de coco

50 ml de aceite de coco, derretido

310 g de harina

SUPERGACHAS

**El desayuno perfecto o tentempié dulce que le calentará por dentro
y hará resplandecer su piel.**

HÁGALAS ASÍ...

Ponga los copos de arroz o quinoa, la leche de coco y 250 ml de agua
en un cazo a fuego fuerte y llévelo a ebullición.

Cuando hierva, reduzca hasta fuego medio y cuézalo hasta que todo
el líquido quede absorbido: unos 5 minutos, pero vigílelo.

Incorpore la canela, la sal, la vainilla y los arándanos.

Sírvalas en boles y espolvoree por encima sus ingredientes
antioxidantes preferidos. En la foto hemos utilizado semillas de cáñamo,
granos de granada, láminas de coco, semillas de calabaza, azúcar de
coco y crema de coco.

VARIACIONES

Puede utilizar copos de avena o de alforfón en lugar de arroz o quinoa.
Use frambuesas o moras si no encuentra arándanos.

LISTA DE LA COMPRA

100 g de copos de arroz o copos
de quinoa

250 ml de leche de coco

2 cucharaditas de canela en polvo

una pizca de sal marina

½ cucharadita de vainilla en polvo
o extracto de vainilla (opcional)

150 g de arándanos

Para servir (opcional):
semillas de cáñamo
granos de granada
coco en láminas
semillas de calabaza
azúcar de coco
crema de coco

CONDIMENTOS Y BEBIDAS

—

PESTO VERDE

Cuando me hice vegana, temí que el pesto nunca volvería a ser lo mismo sin el parmesano pero, sinceramente, puedo decir que no lo echo de menos. Las hierbas, los frutos secos y la sal aportan tanto sabor que uno ni siquiera se da cuenta de que falta el queso. ¡En serio! Esta es una de aquellas recetas que siempre preparo sin medir los ingredientes y rara vez me sale igual. Lo echo todo al procesador de alimentos y lo trituro hasta obtener la consistencia deseada. Normalmente hago suficiente para dos veces y congelo la mitad en dos recipientes separados para esas perezosas cenas a base de pasta de los domingos.

HÁGALO ASÍ...

Retire los tallos grandes de la albahaca y el perejil y trocee someramente las hojas y tallos delgados. Métalos en el procesador de alimentos.

Trocee el ajo y añádalo al procesador de alimentos con el zumo de limón, el aceite de oliva, la sal y la pimienta negra recién molida. Triture todo hasta combinarlo bien. A mí me gusta el pesto espeso; si lo quiere más claro, agregue más aceite.

Añada los frutos secos y tritúrelos hasta que queden picados. Utilice el pesto de inmediato o consérvelo en un recipiente hermético en el frigorífico hasta una semana.

VARIACIONES

En lugar de los piñones, una combinación de semillas de calabaza y de girasol también sirve, así como unas nueces. Para un pesto cremoso de verdad, puede sustituir el aceite de oliva por un aguacate. Resulta increíblemente delicioso, y el zumo de limón lo conservará un par de días, pero lo mejor en este caso es consumirlo el mismo día.

LISTA DE LA COMPRA

un buen manojo de albahaca
un buen manojo de perejil
2-3 dientes de ajo, pelados
zumo de 1 limón
un buen chorro de aceite (unos 75 ml)
½ cucharadita de sal marina
pimienta negra recién molida, al gusto
un buen puñado de piñones o anacardos tostados

SALSA NAPOLITANA DE TOMATES FRESCOS

Esta salsa es un ingrediente clave para la Lasaña, de la página 67, la Boloñesa con espaguetis de calabacín, de la página 36, y los Rollitos de berenjena, de la página 76, o puede utilizarla sola con pasta para una cena rápida.

HÁGALA ASÍ...

Vierta un poco de aceite de oliva en una cacerola mediana y póngala a fuego medio.

Pique las chalotas y el ajo y añádalos a la cacerola. Corte los tomates en daditos y agréguelos también, incluidos las semillas y el jugo.

Deshuese las aceitunas y trocéelas un poco para obtener muchos trocitos. Añádalos a la cacerola. Puede utilizar aceitunas sin hueso si lo desea, pero el sabor no es tan auténtico.

Incorpore el concentrado de tomate a la salsa y cocínela a fuego medio-bajo 10 minutos. Pique fino el perejil y añádalo a la salsa, luego salpimiéntelo al gusto.

VARIACIONES

Puede añadir champiñones, berenjena o calabacín a la salsa si desea que quede más sustanciosa. Las hojas de albahaca también quedan muy bien. Puede utilizar tomate en lata si no es temporada o si no le apetece cortarlos.

LISTA DE LA COMPRA

aceite de oliva

2 chalotas, peladas

3-5 dientes de ajo, pelados

alrededor de 1 kg de tomates (yo utilizo una combinación de normales y cherry)

10-20 aceitunas negras

1 cucharada de concentrado de tomate

un puñado de perejil de hoja plana

sal marina y pimienta negra recién molida

SALSA DE SETAS

—

En serio, es la mejor salsa que va a probar en su vida. Disfrútela con el Pastel de frutos secos, de la página 71, con patatas asadas o encima de un gran bol de puré de verduras.

HÁGALA ASÍ...

Remoje las setas en 250 ml de agua durante al menos 1 hora. Reserve el agua.

Caliente un chorrito de aceite en una sartén mediana y añada la cebolla o chalota. Sofríala hasta que se ponga transparente, luego añada el vino blanco o vermú y el caldo vegetal, e incorpore la harina y la nuez moscada.

Agregue el agua reservada a la sartén con el ajo y las setas. Cocine 10-15 minutos hasta que espese.

Condimente la salsa generosamente con pimienta negra recién molida y luego pruébela. Añada sal hasta que el sabor le convenza (la cantidad necesaria dependerá del contenido de sal del caldo vegetal que use).

LISTA DE LA COMPRA

20 g de setas deshidratadas

aceite de oliva

1 cebolla blanca pequeña o chalota, pelada y picada fina

2 cucharadas de vino blanco seco o vermú

250 ml de caldo vegetal

3 cucharadas de harina, para espesar

½ cucharadita de nuez moscada en polvo

2 dientes de ajo, pelados y picados finos

sal marina y pimienta negra recién molida

ODA A LOS ANACARDOS

¿Ha visto cómo crecen los anacardos? Lo hacen en un árbol donde cada anacardo es la semilla de una manzana de anacardo. La semilla crece en el exterior de la carnosa fruta y, para obtenerla, hay que romper dos capas de cáscara muy tóxica que causa estragos en las manos y además puede arruinar el fruto seco del interior. Es una de esas creaciones de la Madre Naturaleza que me alucinan. Porque ¿quién sería la primera persona que rompió estas dos capas para encontrar dentro el fruto y luego, cuando la cáscara volviera rancio el fruto, probara distintos métodos hasta dar con la mejor manera de extraerlo sin destruirlo?

Además de tomarlos tostados o crudos, echar un puñado de anacardos al curri, sofrito o ensalada, o añadirlos en los batidos, dos de mis formas preferidas de consumirlos son la Crema de anacardos y la Mayonesa de chipotle. También son ideales para sustituir el queso fresco en los pasteles.

CREMA DE ANACARDOS

HÁGALA ASÍ...

Remoje los anacardos en un bol o jarra llenos de agua o bien hiérvalos en una olla pequeña unos 15 minutos. Casi todos los anacardos llegan al consumidor ya tratados con calor, de modo que este paso no implica que se cuezan, dado que no estaban crudos para empezar.

Escúrralos y enjuáguelos, luego métalos en el vaso de la batidora y añada agua suficiente para cubrirlos (no pasa nada si algunos sobresalen).

Tritúrelos hasta obtener una crema. Si desea una consistencia más líquida, añada un poco más de agua. Guárdela en un recipiente hermético y consérvela refrigerada hasta el momento de su uso. Se mantiene bien en el frigorífico hasta una semana.

LISTA DE LA COMPRA

100 g de anacardos

MAYONESA DE CHIPOTLE

HÁGALA ASÍ...

Chafe los ajos y añada la Crema de anacardos junto con el zumo de limón, chipotle, mostaza, sal y pimienta negra recién molida. Tritúrelo todo junto.

Pruebe el resultado. Si le falta sabor, añada más sal. Guárdela en un recipiente hermético y consérvela refrigerada hasta el momento de su uso. Se mantiene bien en el frigorífico hasta una semana.

LISTA DE LA COMPRA

2-3 dientes de ajo, pelados

250 ml de Crema de anacardos (véase la receta de la página anterior)

zumo de ½ limón

1 cucharadita de pimientos chipotle secos molidos o pimentón ahumado

$^1/_3$-$^3/_4$ de cucharadita de mostaza

½ cucharadita de sal marina

pimienta negra recién molida

MERMELADA DE ARÁNDANOS Y CHÍA

La mermelada más rápida, fácil y saludable que se pueda preparar.

HÁGALA ASÍ...

Ponga los frutos del bosque y el jarabe de arce en un cazo y cháfelo todo con un tenedor o el dorso de una cuchara. Ponga el cazo a fuego medio y cocine la mezcla 10 minutos.

Incorpore las semillas de chía, el extracto de vainilla y la canela, y deje que se temple.

La mermelada se espesará al enfriarse. Trasládela a un tarro hermético hasta el momento de su uso. Puede conservarse en el frigorífico hasta una semana.

DELICIOSA CON...

Pan de higos y nueces. Tremendo. También es ideal como toque final de una tarta de queso u otro tipo de pastel.

LISTA DE LA COMPRA

310 g de arándanos, frambuesas o moras frescos o congelados

2 cucharadas de jarabe de arce o cualquier otro endulzante de su elección (azúcar, miel)

2 cucharadas de semillas de chía

½ cucharadita de extracto natural de vainilla

1 cucharadita de canela en polvo

SALSAS Y ALIÑOS

Utilice estas medidas como mera orientación. Habitualmente lo hago a ojo o utilizo la misma cuchara con que lo mezclo todo (con una capacidad aproximada de 15 ml), en lugar de liarme con tazas medidoras, cucharas y demás.

ALIÑO CREMOSO DE TAHINA

LISTA DE LA COMPRA

zumo de 1-2 limones
60 ml de tahina
un chorrito de vinagre balsámico
sal marina y pimienta negra recién molida

HÁGALO ASÍ...

En un cuenco mezcle el zumo de limón, la tahina, el vinagre y un poco de agua. Remueva bien todo. Al principio, resultará muy espeso, pero se irá licuando al ir añadiendo agua. Siga incorporando agua, poco a poco, hasta obtener una consistencia suave y más bien líquida. Condimente al gusto y decante a un tarro limpio. Se conserva en el frigorífico hasta una semana.

En función de su uso, es posible que desee endulzar el aliño. Yo lo utilizo para mi Ensalada de col (pág. 82), que contiene manzana, ¡y la combinación es divina!

VINAGRETA BALSÁMICA BÁSICA

LISTA DE LA COMPRA

120 ml de aceite de oliva
3 cucharadas de vinagre balsámico
2 cucharaditas de mostaza
sal marina y pimienta negra recién molida

HÁGALA ASÍ...

Póngalo todo junto en una botella o tarro de cristal, ciérrelo con la tapa y agítelo bien. La mostaza actuará como emulsionante y ligará el aceite con el líquido. Puede añadir sal y pimienta si quiere, pero yo prefiero añadirlas directamente a la ensalada. Se conserva a temperatura ambiente 2-3 semanas.

Sírvala sobre una ensalada verde básica, ensalada griega, ensalada de legumbres o una más sustanciosa con lechuga, alubias y otras hortalizas.

SALSA SATAY

LISTA DE LA COMPRA

125 g de mantequilla de cacahuete suave
60 ml de salsa tamari o salsa de soja
60 ml de jarabe de arce u otro endulzante líquido

HÁGALA ASÍ...

Mezcle la mantequilla de cacahuete, la salsa tamari
y el jarabe de arce, y remuévalos con vigor hasta
que se forme una espesa salsa marrón. Añada algo
de agua, poco a poco, removiendo entre cada una de
las adiciones, hasta conseguir la consistencia que
desee. Yo agrego unas 2 cucharadas, pero la cantidad
necesaria dependerá del espesor de la mantequilla de
cacahuete. No se preocupe si no sabe exactamente lo
espesa que debe hacerla. Una vez que la vierta sobre
un bol de verduras calientes, tendrá un sabor delicioso
y eso es todo lo que importa. También es una salsa
fantástica para mojar rollitos de papel de arroz.

SALSA DE CACAHUETE

LISTA DE LA COMPRA

Exactamente la misma que para la Salsa Satay, menos la salsa
tamari. Está deliciosa con Falafel (pág. 58).

ALIÑO DE JARABE DE ARCE Y LIMA

LISTA DE LA COMPRA

zumo de 1-2 limas
1-2 cucharadas de jarabe de arce u otro endulzante líquido
1 cucharada de aceite de semillas de sésamo tostadas
o de cacahuete
salsa tamari o salsa de soja, al gusto

HÁGALO ASÍ...

Exprima el zumo de lima en un recipiente. Añada el
jarabe de arce, el aceite de sésamo y una cucharadita
de salsa tamari. Remuévala y pruébela. Agregue más
salsa tamari si desea un sabor más salado o jarabe
de arce para hacerlo más dulce. Sirva el aliño para
aderezar una ensalada de fideos como mi Ensalada de
rollito de verano (pág. 52) u otra receta con sabores
fuertes que precise un aliño dulce, fresco y ligero.

ZUMO DE LIMÓN SIN MÁS

En ocasiones, eso es todo lo que una ensalada
necesita. Ni aceite ni sal, solo un toque ácido para
acentuar los sabores del resto de ingredientes.
¡Pruébelo!

BEICON DE COCO

——

Cuenta la leyenda que esta idea surgió de un grupo de punks veganos que vertían humo líquido sobre cocos enanos frescos y lo llamaban beicon. La idea cuajó y ahora el beicon de coco es un clásico entre veganos y vegetarianos. Gracias, punks, ¡os debemos una!

HÁGALO ASÍ...

Precaliente el horno a 180 °C (gas potencia 4).

Mezcle el humo líquido con el jarabe de arce, la salsa tamari y 1 cucharada de agua en un cuenco mediano. Añada las láminas de coco y remueva todo con cuidado con una cuchara para que se impregnen del líquido.

Extienda las láminas de coco sobre una bandeja de horno e introdúzcalas en el horno 5 minutos. Saque la bandeja, remueva todo y dé la vuelta a las láminas con una espátula de metal, y vuelva a introducirlas en el horno 5 minutos más, vigilando que no se quemen.

Pasados estos 5 minutos, el coco debería estar dorado y crujiente, pero si sigue blanco y blando, déjelo en el horno unos minutos más. Pase el coco a una fuente y deje que se temple (o seguirá cociéndose en la bandeja).

Cuando esté frío del todo, guárdelo en un recipiente hermético, hasta el momento de su uso. El beicon de coco se conserva bien en el congelador varios meses. No es necesario descongelarlo. A temperatura ambiente, se conserva 1-2 semanas.

DELICIOSO CON...

Bocado «El Rey» (pág. 118) o en bocadillo, con hamburguesa o rollito; como ingrediente de pizza, con tortitas, con helado; en ensaladas, o tal cual sin nada. Lo va captando, ¿no?

LISTA DE LA COMPRA

2 cucharadas de humo líquido

2 cucharadas de jarabe de arce (o néctar de coco si le es fácil obtenerlo)

1 cucharada de salsa tamari o salsa de soja

100 g de coco en láminas (no deshidratado)

CEBOLLAS CARAMELIZADAS

Las cebollas caramelizadas tienen la capacidad de convertir un plato de bueno a exquisito. Requieren su tiempo, pero no precisan demasiada atención, de modo que se pueden dejar cociendo mientras usted prepara el resto del banquete.

HÁGALAS ASÍ...

Vierta suficiente aceite de oliva en una sartén para cubrir la base y póngala a fuego bajo-medio.

Corte las cebollas por la mitad, retire la piel y luego trocee cada mitad en láminas de 5 mm o en 8 cuñas. No las corte demasiado finas o se secarán y quemarán antes de estar a punto.

Añada las cebollas a la sartén y deje que se ablanden y caramelicen mientras usted se dedica a otros menesteres en la cocina, removiéndolas cada 5-10 minutos para evitar que se peguen y para que se vayan impregnando de su propio jugo. La cebolla se volverá suave y translúcida primero y luego adquirirá un irresistible tono marrón con un olor tan increíble que no será capaz de resistir la tentación de comer un poco de la sartén, aunque se queme el paladar.

Cuando parezca que está lista, añada el vinagre balsámico y un poco de sal, y déjela cocer 5 minutos más.

Utilícela enseguida, o déjela templar y luego pásela a un tarro hermético donde se conservará hasta una semana.

ATAJO

Lo ideal es cocer la cebolla lentamente a fuego bajo, pero hay quien no dispone del tiempo o la paciencia para ello. Si lo desea, puede añadir un par de cucharadas de azúcar moreno o jarabe de arce. Así obtendrá el sabor de caramelo, pero reducirá el tiempo de cocción.

LISTA DE LA COMPRA

aceite de oliva
3 cebollas grandes (blancas o moradas)
1-2 cucharadas de vinagre balsámico
sal marina, al gusto

ZUMO DE SANDÍA Y LIMA

——

Es lo que tiene la sandía. Es una maravilla. Es gustosa y, además, muy muy saludable. Pero llevársela a un pícnic puede ser engorroso. No pasa nada si el pícnic es junto al agua, pero resulta más complicado cuando es en el parque.

¿Mi solución? Sandía embotellada.

HÁGALO ASÍ...

Ponga la sandía encima de la tabla de cortar sobre la cara plana y pélela con cortes hacia abajo. En la misma posición, corte la sandía como si fueran rebanadas de pan.

Tome una tajada y observe que las semillas se reúnen en línea. Con las manos, rompa con cuidado la tajada por esta línea. Retire las semillas con una cuchara y luego ponga la sandía en el vaso de la batidora. Repita el proceso con el resto de tajadas.

Ya está. Accione la batidora y triture los trozos de sandía hasta que no queden grumos. Añada el zumo de lima y triture todo una vez más para combinarlo todo.

Vierta el zumo en vasos con hielo y menta o consérvelo en el frigorífico hasta el momento de su uso. Si lo guarda, deberá removerlo antes de tomarlo.

VARIACIONES

¡Conviértalo en un cóctel añadiendo vodka, tequila, ginebra o ron blanco!

LISTA DE LA COMPRA

½ sandía grande
1-3 limas
cubitos de hielo, para servir
menta, para decorar (opcional)

BATIDOS A BASE DE PLÁTANO

Estos días, todo el mundo habla de batidos verdes, pero a mí me siguen encantando los clásicos batidos de plátano, tan completos que pueden tomarse como postre o como desayuno.

El método es el mismo para todas las recetas que siguen: métalo todo en el vaso de la batidora y tritúrelo para combinarlo bien.

En el sentido de las agujas del reloj desde arriba: de cúrcuma; de puntillas de cacao; de arándanos y moras; de frambuesa y naranja; de té matcha; de cacahuete; de cereza y coco

DE CACAHUETE

LISTA DE LA COMPRA

2 plátanos
150 ml de leche de arroz
2 cucharadas de mantequilla de cacahuete

DE CÚRCUMA

LISTA DE LA COMPRA

2 plátanos
200 ml de leche vegetal de su elección
½ cucharadita de cúrcuma en polvo
½ cucharadita de canela en polvo

DE CEREZA Y COCO

LISTA DE LA COMPRA

2 plátanos
un buen puñado de cerezas, sin hueso
150 ml de leche de coco

DE ARÁNDANOS Y MORAS

LISTA DE LA COMPRA

2 plátanos
un puñadito de arándanos
un puñadito de moras
150 ml de agua de coco

DE FRAMBUESA Y NARANJA

LISTA DE LA COMPRA

2 plátanos
zumo de 2 naranjas
un puñado de frambuesas

DE TÉ MATCHA

LISTA DE LA COMPRA

2 plátanos
200 ml de leche de almendras
2 cucharaditas de té matcha en polvo, disuelto en un poco de agua caliente

DE PUNTILLAS DE CACAO

LISTA DE LA COMPRA

2 plátanos
200 ml de leche de coco
1 cucharada de puntillas (nibs) de cacao

EXTRAS OPCIONALES

— semillas de chía, remojadas en el líquido que utilice
— 1-2 cucharadas de copos de avena instantáneos (gachas)
— 1 cucharadita de canela en polvo
— semillas de cáñamo
— coco deshidratado
— láminas de almendra

TÓNICO DE JENGIBRE Y CÚRCUMA

—

Yo lo tomo incluso cuando no estoy enferma por lo saludable que llega a ser.

HÁGALO ASÍ...

Con guantes para no mancharse las manos y parezca que se ha fumado 50 cajetillas de cigarrillos del tirón, retire la piel del jengibre y la cúrcuma con una cucharilla, rascando contra el patrón de crecimiento de la raíz. Cuando casi toda esté fuera, corte las raíces en trozos grandes.

Exprima los limones y ponga el jengibre troceado, la cúrcuma, el zumo de limón, la cayena y el sirope o jarabe en el vaso de la batidora. Triture hasta que quede todo bien combinado. Es posible que deba ir retirando trozos de jengibre de la hoja de vez en cuando. Conserve el tónico en un tarro de cristal hermético, en el frigorífico, hasta su consumo.

Para tomarlo, mezcle 1 cucharadita colmada del tónico en una taza de agua. Puede emplear agua hirviendo, caliente o con gas si lo desea, para obtener un refresco saludable. Añada más endulzante al gusto. Beba.

NOTA

Quedarán trocitos sólidos en el fondo de la taza. Es como si se tratara de las «hojas del té». Puede comerlos si lo desea, o echarlos al montón de compostaje si la bebida ya le ha parecido suficientemente intensa.

LISTA DE LA COMPRA

100 g de jengibre fresco

100 g de cúrcuma fresca

6 limones

1 cucharadita de cayena

3 cucharadas de sirope de malta de arroz o jarabe de arce

AGRADECIMIENTOS

A Andy. Dicen que detrás de cada gran hombre hay siempre una gran mujer. En mi caso se aplica lo contrario. Gracias por todo, desde viajes de última hora al supermercado para comprar ingredientes olvidados, limpiar la cocina para que yo pudiera volver a ensuciarla, tomar notas, planchar telones de fondo, sujetar trípodes, escucharme hablar de este dichoso libro durante días y crear una lista de reproducción alucinante para mantenerme animada cuando me desinflaba. Este no es *mi* libro, es *nuestro* libro, porque no podría haberlo escrito sin ti. Te quiero.

A mi madre, por inculcarme el amor por la cocina.

A mis amigos, por vuestra sinceridad con todas las modificaciones de las recetas, los masajes tras días de sesión fotográfica con mi barriga de embarazada, por ayudarme a comer platos hechos hace tres días para que no tuviera que tirarlos y por cocinar para mí cuando no soportaba ni siquiera la idea de ponerme a hacerlo.

A Hanna, por crear gran parte de la cerámica que utilizo en mis fotos. Tus creaciones han hecho mi libro diez veces más bonito de lo que habría salido. www.jerichostudiopottery.com

A Astrid, por las fotos que no pude tomar yo misma.

A Helly, por ser mi compinche neozelandesa los meses en que apenas me veía los dedos de los pies.

A Kajal, Kate y el equipo de Hardie Grant por creer en mí y permitirme escribir este libro.

A Michelle, por tus ilustraciones y por un trabajo tan bello con el diseño.

Y finalmente, mi agradecimiento a los cocineros del mundo, tanto si he probado vuestra comida como si no. Gracias por compartir vuestros platos, vuestras recetas y vuestras ideas. Sin todos vosotros, yo no habría podido hacer este libro.

ACERCA DE LA AUTORA

Jessica Prescott es la autora y fotógrafa del blog vegano de gran estilo *Wholy Goodness* (www.wholygoodness.com), nominado como finalista en la categoría de Mejor Voz Nueva de los premios Saveur. Creció en Napier —la cesta de la fruta de Nueva Zelanda— y ahora vive en Berlín.

Wholy Goodness es una manifestación de su viejo deseo de compartir sus experimentos culinarios y es también un espacio donde puede combinar todas sus facetas creativas: cocina, fotografía y escritura. @wholygoodness

**Las cinco mejores maneras
de cuidar su cuerpo**
Visite www.cincotintas.info
para descargar el contenido
gratis con el código
placeres32

La edición original de esta obra ha sido publicada en el Reino Unido
en 2016 por Hardie Grant Books con el título

Vegan Goodness

Traducción del inglés Gemma Fors

Directora de edición: Kate Pollard
Editora sénior: Kajal Mistry
Ayudante editorial: Hannah Roberts
Dirección artística e ilustraciones: Michelle Noel

Impreso en China
Depósito legal: B 12.144-2017
Código IBIC: WBJ | WBH

ISBN 978-84-16407-32-3